孔子

Confucius

孔子

Confucius

皮波人物国际名人研究中心 编著

国际文化出版公司

·北京·

图书在版编目（CIP）数据

孔子/皮波人物国际名人研究中心编著. --北京：国际文化出版公司，2012.12（2024.2重印）
（名人传记丛书）
ISBN 978-7-5125-0436-3

Ⅰ.①孔… Ⅱ.①皮… Ⅲ.①孔丘（前551～前479）—传记 Ⅳ.①B222.2

中国版本图书馆CIP数据核字（2012）第211969号

孔子

作　　者　皮波人物国际名人研究中心　编著
责任编辑　赵　辉
统筹监制　葛宏峰　刘　毅　任立雍
策划编辑　周　贺
美术编辑　丁鉷煜
出版发行　国际文化出版公司
经　　销　国文润华文化传媒（北京）有限责任公司
印　　刷　北京一鑫印务有限责任公司
开　　本　700毫米×1000毫米　16开
　　　　　　9印张　83千字
版　　次　2012年12月第1版
　　　　　　2024年2月第3次印刷
书　　号　ISBN 978-7-5125-0436-3
定　　价　34.00元

国际文化出版公司
北京市朝阳区东土城路乙9号　邮编：100013
总编室：（010）64270995　传真：（010）64270995
销售热线：（010）64271187
传真：（010）64271187-800
E-mail：icpc@95777.sina.net

目录

目录

目录

命途多舛的少年时代

出生时的祥瑞之兆

济南泉城广场孔子像

2000多年前，世界上的几大文明古国都相继诞生了几位圣哲先贤，他们的思想和言论成为后世奉若瑰宝的经典，他们的传奇故事千年来传唱不衰，他们为人类文化的发展和繁荣作出了突出的贡献。其中就有一位受到万世敬仰的圣人——孔子。

孔子出生时，正是春秋末期。那是一个破旧立新的时代，王室衰微，诸侯割据，旧制度、旧秩序被破坏，新制度、新秩序在确立。孔子在很多年后编纂这一时期的历史时，评价说这是个“礼坏乐崩”的时代。当然，这是后话。现在我们来看看孔子出生的地方。

《史记·孔子世家》记载：孔子生于鲁昌平乡陬邑。

鲁是春秋时代的一个小国家，它的疆土以今山东曲阜为中心，包括泰山以南的大部分地区，以及河南、江苏、安徽的一小部分地区。

陬邑位于现在山东省曲阜市东南方。孔子的第十二世孙孔安国说："陬，孔子父叔梁纥所治邑。"

据考证，孔子的先祖是商朝成汤的后裔，后来商朝迁都到殷，最后一代国君纣王暴虐无道，西边的属国周起兵讨伐，经公元前 1046 年的牧野之战，商王朝覆灭，转而西周建国。周武王封纣王的儿子武庚管理朝歌。公元前 1043 年，周武王姬发驾崩，儿子成王年幼，武王之弟周公旦代管国事。武庚起兵叛乱，被周公旦诛杀，改封纣王的兄长微子启为成汤后裔，以延续成汤一脉，封地位于今河南省商丘市以东至安徽省池州市以西一带，国号宋。孔子的先人就这样从王室变成了诸侯。

据钱穆的《孔子传》记载，宋传到第四代的时候，国君为宋湣公，他的长子叫弗父何，次子叫鲋祀。湣公死后没有把王位传给儿子，而是传给了他的弟弟炀公。兄终弟及是商朝时的王位继承制度，到周朝已经盛行父终子及。鲋祀设计杀死叔父炀公，想让哥哥弗父何继任。弗父何认为自己如果成为国君，一定要惩治弟弟的弑君之罪，所以坚决不肯。于是鲋祀继位为王，称厉公。弗父何仍是公卿。这里的弗父何便是孔子的先祖。至此，孔子的先人又从一国诸侯变成了公卿。

孔氏一族繁衍生息，到孔子的曾祖父一代为了躲避华氏祸乱而逃往鲁国，定居曲阜。孔子的曾祖父叫防叔。本来孔家在宋国也是皇亲国戚，上卿之家，到防叔避祸，定居鲁国之后，贵族公卿的地位就没有了，而成了士族平民。

孔子的父亲叫叔梁纥。相传，他武力绝伦、智勇兼备。在一次战役中，因为他的勇敢和机智，自己的队伍才免遭敌人伏击，因此他被委任为陬邑大夫，声名远播。

孔子的母亲叫颜征在，出身名门，是当时很有才德的一个女子。她嫁给叔梁纥的时候只有十六七岁。孔子出生之前，叔梁纥已经有了九个女儿和一个儿子，但是这个儿子天生残疾，且资质愚钝。

公元前 551 年 9 月 28 日，也就是鲁襄公二十二年的八月二十七，孔子出生。

据传说，这一年，原本浊沙滚滚的黄河，竟然清澈见底。这便是“圣人出而黄河清”典故的由来。

幼年孤苦，聪慧好学

叔梁纥晚年得子，喜悦之情自然非同一般。孩子满月这天，他大摆喜宴，请了很多亲朋故友，一时宾客盈门，热闹非凡。叔梁纥把襁褓中的幼儿抱出来让亲友们看看。这孩子生得天庭饱满，眉宇开阔，而且啼声洪亮，确实不同凡响。

叔梁纥因为爱子是秉受尼山灵气所生，当场替他取名为丘，字仲尼。

这孩子的确有异于常人的禀赋，他在还咿呀学语的时候，很多事情，一经点拨，就能领悟，而且永久不忘。

孔子三岁的时候，叔梁纥已是古稀之年。有一次他偶感风寒，身体略有不适，因为是练过武的人，并没有把这点小毛病放在心上。可是后来病情越来越重，等到想起找医生诊治的时候，已经晚了。不过短短几天，叔梁纥就抛下娇妻爱子撒手人寰。

年轻的征在正沉浸在儿子聪慧异常的喜悦之中，却陡然遭此巨变，简直痛不欲生。她是一位知书达理的名门闺秀，也是一位坚强可敬的母亲，不但没有被这样沉重的打击击倒，还用瘦弱的肩膀挑起整个家庭的重担。她强抑悲恸之情，依照当时的礼仪治丧、安葬，一切都安排得妥帖、周到。

孔子故里曲阜一景

将叔梁纥安葬之后，征在开始考虑一家人接下来该何去何从。她首先把一家人从陬邑搬到娘家所在的曲阜，这样发生什么事也好得到娘家的帮助和庇佑。叔梁纥生前为官清廉，没有留下多少财富和产业，所以征在必须克勤克俭，量入为出，才能使一家人不挨饿受冻。有时候，征在还要自己纺线织布、种粮种菜、饲养禽畜，以补贴家用。

这时，孔子同父异母的哥哥伯尼已经九岁，因为腿部有毛病，经常受到同龄孩子们的嘲笑和欺负。这使得小小年纪的伯尼对上学这件事有了心理阴影，他说什么也不肯再去学堂。征在看在眼里，非常同情，不忍心责备他，所以就没有再逼着他去上学，而是索性由自己亲自教导。伯尼虽然资质一般，不像孔子一样聪慧，但对于是非善恶还是了然于心。继母的慈祥关怀、亲切教导，伯尼都很感激，并且一一记在心上，因此伯尼格外地恭敬孝顺，对弟弟仲尼更是友爱非常。

孔子六岁这年的早春，大街上乐声悠扬，锣鼓声漫天。原来是贵族们举行一年一度的春祭。孔子跟在队伍后面，饶有兴致地看完了祭祀的整个过程，并把步骤记在了心里。回家之后，孔子兴趣不减，在院子里摆了一些坛罐和木器，依照记在心里的程序，煞有介事地模仿起祭祀来。

母亲见他富于学习精神，心里非常高兴，于是开始教他识字。由于他资质聪颖，领悟力强，一般孩子要半个月才能学完的课程，他两三天就都记熟了。到后来，母亲觉得自己所知道的已不能满足儿子的求知欲，思虑再三，最后决定把他送到外公那里。

征在的父亲颜老先生是一位满腹经纶的饱学之士，于礼、乐、书、数四艺上均有很高的建树。同时，颜老先生最疼爱自己的这个幼女，他见外孙如此聪敏伶俐、活泼可爱，又一心向学，自然非常高兴，决心把自己生平所学悉心传授给他。

这一年，孔子 10 岁。

从此以后，孔子每天随侍在外公左右，聆听教诲，有什么不懂的地方，立即发问，一经指点，马上领悟，而且永远不忘。时光如梭，几年后，孔子已经读了很多书籍，对教民安乐、治国平天下的道理也已经颇有心得。

外公时常教导孔子，要致力于做一个君子，将来出仕为官的时候，应当遵守礼法，以尧舜为榜样，顺天时，察地理，做小官要教民安乐，做大官则要治国平天下。

慈母病逝

孔子的母亲寡居多年，含辛茹苦将孔子拉扯大，并且把他教育成一个知礼重孝、博学厚德的人。就在孔子一心想承欢膝下，反哺相报的时候，母亲却由于多年操劳，一病不起。

征在生病期间，孔子在榻前尽心尽力侍奉汤药，非常孝顺。可惜，所谓“树欲静而风不止，子欲养而亲不待”，孔子 17 岁这一年，颜征在与世长辞。

多年来与母亲相依为命，生养之恩还没有来得及报答，母亲便已不在。孔子心中的悲痛可想而知。

以往，别人家有丧事，孔子前往吊唁的时候，常常悲伤得食不下咽，一连几天都闷闷不乐。如此一个富于情感的人，如今的悲恸，又岂是笔墨所能形容？

周朝时，已经有父母合葬的风俗，正如《诗经》所言的“死则同穴”。

孔子含悲忍泪把母亲入殓以后，想将灵柩与先父合葬在一起。这时候，却出现了一个难题，他不知道父亲的墓在哪里。

关于这件事，历来有很多种说法。一说叔梁纥去世时，孔子尚年幼，所以不知父亲葬在何处。还有一种说法是，孔子知道父亲葬于曲阜东南方二十余里处的防山，但并不知道父墓的确切所在。因为那时古人一般都是在家里拜祭先祖，不特意去墓地，而且那时平民的坟墓不封、不立碑、不堆土、不种树，几乎辨认不出来。还有一种说法是，叔梁纥去世时，颜征在还年轻，所以他根本就没有考虑过日后让征在与他合葬，而征在可能知道先夫埋骨的地方，但没有告诉孔子。

不管怎么说，孔子四处托人打听，经过不少波折，终于将母亲与父亲合葬在一起。

结婚生子

守孝三年之后，孔子 19 岁。这时候的孔子秉承父亲的遗传，身材非常魁梧、壮硕，已经是一个伟岸男子了。

孔子虽然父母都已不在，但因为系出名门，饱读诗书，还是有说媒的人找上门来。孔子本想到各地游历，访求名师以充实自己，但想到母亲临终时的遗憾就是没能看见自己成家立室，也算是为孔家的香火着想，孔子在这一年的四月，娶亓官氏为妻。亓官家也是从宋国迁到鲁国的，亓官氏与孔子年龄相仿，德才兼备。

第二年，亓官氏生下一个男孩。这时候，孔子虽然只有 20 岁，还很年轻，但他的学识已深受人们的景仰，被公认是一个博学多才的人。就连当时鲁国的国君昭公也知道他的文名。鲁昭公听说孔夫人生了一个男孩，马上派人送去一条鲤鱼，以示祝贺。

鲤鱼自古被认为是吉祥的、寄托了美好祝愿的东西，有句成语叫“鲤鱼跳龙门”，它的意思是说鲤鱼在湍急的黄河里，可以逆流而上，在水位差距甚大、水面最窄的“龙门”一跃而起，如果能越过去就能变成一条龙。有金榜题名、仕途高升等飞黄腾达之意，也比喻逆流前进，奋发向上。

孔子受到这份殊荣，有些受宠若惊。他立刻为孩子取名为鲤，字伯鱼，以表示对昭公赠鱼的纪念。伯是长子的意思，事实上，伯鱼之后，亓官氏没有再生男孩。他是孔子唯一的儿子。另外一件比较遗憾的事情，就是伯鱼资质平庸，不能算是可造之才。

孔子渊博的学识和过人的才华，在这之后受到越来越多人的承认和赏识，特别是鲁昭公赐他鲤鱼的消息更是不胫而走，很快传遍鲁国都城。

初入仕途

结婚生子以后，家庭开支增加，生活的负担日益沉重。孔子需要找一份稳定且收入较高的工作以便赡养妻小。当时鲁国司空孟僖子非常敬佩孔子的才学和人品，临终之前，嘱咐他的两个儿子——孟懿子和南宫敬叔都要将孔子视为老师。

孟懿子继任孟孙氏的第 9 代宗主后，想整顿自己封地内出现的严重的税制混乱和贪污腐败问题，于是请孔子出任委吏。委吏是掌管仓库、赋粮出纳的小官，官职不高，却是一个肥缺。过去历任的委吏为了谋求自己的利益，都和家臣们串通一气，营私舞弊。这种情况由来已久，已经成了封地内人人皆知却无可奈何的事情。为了整顿赋税、清除积弊，孟懿子任用新人，以求改革。

以孔子的学识和能力，做这种芝麻绿豆的小官，不但游刃有余，简直是大材小用。

孔子初入仕途，并没有因为官卑职小而马虎从事，掉以轻心。他接任之初就发现税制弊端重重，涉及仓库和赋粮的所有官员几乎都沆瀣一气，要跟这班恶势力周旋，并不是一件容易的事。曾有官员贿赂孔子，希望孔子对他们的行为睁一只眼闭一只眼，但是孔子谨记外公的教诲，要做一个正人君子，他斥责了行贿的官员，表示坚决不会与之同流合污。慢慢地，孔子全盘了解了舞弊的黑幕，就开始大刀阔斧地予以改革。他自己作出表率，令行禁止，逐渐把过去赋税不足、贪污舞弊的情形，整个扭转了过来。

如此一来，势必挡了一些人的财路，他们对孔子怀恨在心，处处暗加阻挠和掣肘。

渐渐地，孟懿子觉得事情有点蹊跷，赋税的情况经过短暂的变好之后，又一点一点往原来的状态上发展。他猜想孔子可能已被人收买，跟他们同流合污了。于是孟懿子下令派弟弟敬叔彻查。经过一番调查，所有的内幕完全被揭露出来，凡是串通舞弊的人员，一律受到严惩。

这件事情之后，孟懿子和敬叔对孔子更加崇敬。敬叔建议孟懿子把孔子举荐给朝廷，让他有更多施展抱负的机会，但是孟懿子不这样想。当时的鲁国除了王室，还有三大势力极盛的公族，孟懿子执掌的孟孙氏就是其中之一，另外两个公族是叔孙氏和季孙氏。他们都在广纳贤人，培植自己的势力。三者封地面积差不多大，但孟孙氏的封地户口不多，财用不丰，是三者中势力最弱的一个。由于这个缘故，孟懿子想把孔子留在自己身边，帮助自己治理封地。他对弟弟表明了自己的想法。

敬叔认为哥哥的话也不无道理，于是商定让孔子先留在封地，以后有合适的机会再举荐给朝廷。现在，田赋方面经过孔子的整顿，已经上了轨道，今后封地的财用应该不会有什么问题。敬叔建议把孔子调为司职吏，孟懿子欣然应允。

司职吏也叫乘田吏，主要掌管牛羊畜牧业。

孔子上任之前，孟懿子曾在府邸设宴招待他。席间两人相谈甚欢，孟懿子又一次被孔子的才识所折服，他问孔子有什么办法可以使辖内的人口增加。

孔子对烜赫一时的孟懿子侃侃而谈，他说，如果想增加封地内的人口，必须要做到五点：第一要薄赋税。如果赋税太重，人民负担不了，必然会离开此地而到赋税较轻的地方去。第二要轻徭役。假如徭役过多，人民不堪其苦，势必会纷纷逃亡。第三要慎刑戮。人都会偶尔犯错，切不可任意处罚，滥加杀戮，否则人们就会逃离此地，投奔他乡。第四是定婚嫁。如果婚嫁无定期，人们不是早婚就是晚婚，早婚因为男女双方发育未全，生下来的后代一定体弱不健康，晚婚因为男女双方身体某些机能已经不在最佳状态，降低了生育的可能性，这两者都不适宜。孔子认为婚嫁年龄应定在男子22岁、女子18岁为宜，除残废、恶疾者外，不得逾期不婚嫁，否则家长应受处罚。第五是行节俭。奢靡浪费不但于人不利，于国家更是有百害而无一利，足以亡国亡身。国君公卿应该崇尚节俭，以身作则，如此上行下效，长此以往，国家必能富强。如果上位者能切实做到这五件事，那附近的百姓都会闻风前来，人口自然就会年年增加。

孟懿子对孔子这一番话深以为然。

孔子担任司职吏期间，工作较为清闲，所以时常和敬叔等人结伴出游。有一天，他们一同游览泰山。途中碰到一位满头白发的老人，他披着一件破破烂烂的裘衣，几乎衣不蔽体，手里拿着一张琴，且行且歌，一副自得其乐的样子。

孔子觉得很奇怪，于是走上前问他，为什么如此高兴。

老人回答："我告诉你吧，我有三件让我高兴的事：首先，天地间的万物，只有人最尊贵，我生而为人，当然快乐。其次，自古以来，男尊女卑，我有幸生为男子，这是二乐。最后，人的寿命有长短，有的不曾见过日月，有的刚出生还在襁褓中就已经夭折，而我今年已经90岁了，身体还很健康，怎能不令人高兴呢？这是三乐。"

孔子连连点头称是，觉得老人家博学多才，见解独到，若是生在盛世，一定可以位至公卿，飞黄腾达，如今却空有才华，无处施展，不免让人惋惜遗憾。

老人却不以为然："古往今来，读书人多得就像过江之鲫，而真正飞黄腾达的又有几个呢？贫穷是读书人的常态，死亡则是所有人的归宿。我现在处于读书人的常态，又安心地等待所有人最终的归宿，还有什么可遗憾的？"

孔子对这位老人的境界更加刮目相看，佩服他如此旷达、乐天知命，把人生看得如此地透彻。所谓"知足者常乐"，便是如此吧。

这位老人叫荣启期，因为与孔子的这番对话，被后人所熟知。

丰富所学，广收弟子

问官于郯子

唐代散文名家韩愈的《师说》中有这样一句话，“孔子师郯子”，它涉及一个很有名的典故，叫做“孔子问官”。

孔子问官的对象被称为郯子，他是春秋时期郯国的国君。

郯国的历史可以追溯到公元前 11 世纪，黄帝之子少昊的后裔中有一支就封于炎地，称炎国。炎，古音亦同谈。到春秋前后演化为郯国。

郯国虽是区区小国，却颇有名气，其中的主要原因是国君郯子的政绩、才华和仁孝之德，赢得了人心。

郯子治郯讲道德、施仁义，恩威有加，百姓心悦诚服。郯地文化发达，民风淳厚，一些典章制度都被保留下来，对后世产生了十分深远的影响。

公元前 525 年，郯子朝见鲁昭公。在一次宴会上，鲁国大夫昭子问郯子：“少昊的时代，以鸟名官是怎么回事？”郯子说：“少昊是我的祖先，这个情况我知道，当时少昊继任王位时，正好有凤凰飞来以示庆贺，这就是以鸟名官的起因。”接着，郯子还向昭子详细地介绍了当时的情况。孔子当时尚在司职吏任上，听说这个消息，就再也坐不住了，连夜拜访郯子，迫切地向他请教少昊时代的官职制度和典籍历史等情况。

孔望山孔子望海雕塑

当时的孔子虽然只有 27 岁，但他的博学早已闻名鲁国。郯子见这样一个知名学者却能如此虚心求教，十分感动，便知无不言、言无不尽，丝毫没有保留。两位学者谈得很是投机，甚至忘了天已大亮。告别郯子后依然兴奋不已的孔子，还忍不住向人惋惜感叹：周天子那里已经没有这样有学问的人了。

后来孔子周游列国时在郯国有过短暂的停留，他曾登郯城东南 30 里外的马陵山，于山顶遥望大海。后人为纪念孔子来郯，将马陵山改名为“孔望山”，并在山顶建了一座石楼，称为“望海楼”。

学琴于襄子

孔子任司职吏期间，曾收过几个学生，像颜路和曾点都是此时拜于孔子门下。

有一天，孔子带着几个弟子出游，途中巧遇襄子。襄子是当时鲁国的乐官，弹得一手好琴。孔子很早就想向他请教，一直没有机会，此次巧遇，可谓天赐良机。孔子非常兴奋，把襄子请到旅舍后，就开门见山地说，希望向襄子请教操琴一道。

襄子邀请孔子到他家去，以便详细解说。

孔子用对待老师的礼节来对待襄子，这使得襄子很受感动。他认为孔子是堂堂知名学者，且有官职在身，却如此谦逊，真是才德兼备。

襄子首先介绍了琴的构造，他说："当初神农氏削桐制琴，琴面是圆的，象征天；琴底是方的，象征地；琴长三尺六寸，象征一年三百六十日；琴宽六寸，象征六合；琴的五弦象征五行，即金、木、水、火、土，分别与宫、商、角、徵、羽五音相配。大弦象征君王，小弦象征臣子。文王后来又增加了两根弦，乃是暗合君臣之义。先人制琴的用意在于禁制淫邪，匡正人心。”接着，襄子又讲述了五弦琴的每根琴弦与五音的匹配情况，以及除弦之外，古琴其他部位的名称和用处。这是一段相当复杂繁琐的描述，现代人已经很少有耐性细细研究了。

第二天，孔子又继续请教，为什么一定要用桐木制造古琴。

襄子回答：“桐木属阳，能知秋，立秋当天，一定落叶，任何树木都没有这种灵性。而且，桐木还知道闰年，平时生十二叶，唯独闰年生十三叶。我国峄山（位于今山东邹城市东南 10 千米处）上的桐木是制琴的良材。”然后，襄子又给孔子介绍了自古以来的名琴。

之后的几天里，孔子按照襄子教他的操琴指法，开始练习。

有一次，孔子练完琴，很兴奋地跑去告诉襄子说，他好像看见了这首琴曲的作者，那是个身材高大、目光明亮而高远、面色黝黑而有威仪的男子。“他是统治四方诸侯的君王吗？”孔子问。

襄子马上拱手相贺，说道：“先生一直练习的这首曲子是《文王操》，您竟然能在弹奏时领悟到作者作此曲的心情，您的琴已经学好了，我没有什么可以教给您的了。”

之后，孔子在襄子这里又逗留了些日子，琴艺越发精进。

创办平民教育

公元前522年，孔子30岁。

当时的学校都是官办的，死气沉沉，难出人才。孟懿子的父亲孟僖子早已看出官学的种种弊端，重病之时曾奏请国君，允许开办私学。孟懿子谨遵父亲的遗命，也非常支持孔

曲阜孔子庙中孔子讲学的壁画

子办私学，以传道授业，培养人才。

这一年夏天，孔子带着之前收的几个弟子于自家院内垒土筑坛，并移来一棵银杏树栽在坛边，算是正式开坛收徒。这就是后来被称为“杏坛”的地方。

孔子一生遵循的基本办学方针是“有教无类”，他招收学生，不论年龄、籍贯、阶级、人品，只要一心向学即可。所以他的学生中，有父子两人同隶门墙的，比如颜路与颜回、曾点与曾参；有鲁、齐、楚、陈、卫各种籍贯的；有贵如孟懿子，富如端木赐（字子贡），贫如颜回、原宪的；也有狂如曾点，愚如高柴者；还有像公冶长一样坐过牢的，孔子都一视同仁地对待他们、教导他们。这种办学方针打破了当时奴隶主贵族对学校教育资源的垄断，把受教育的范围扩大到平民，顺应了当时社会发展的趋势。

孔子教授的内容是六艺，六艺是古时候的六种知识和技能，包括“礼、乐、射、御、书、数”。礼指礼节；乐指音乐、诗歌、舞蹈等；射指射箭技术；御指驾驭马车的技术；书指书法；数指算法、计数，也就是今天我们所说的数学。这六艺后来成为历朝历代儒家学派对学生的基本要求。

孔子还讲究因材施教。他通过谈话和个别观察等方法，先了解和熟悉学生的个性特征，在此基础上，根据每个学生的具体情况，采取不同的教育方法，培养出了德行、言语、政事、文学等多方面的人才。其中，品行以颜回、闵子骞、冉伯牛、仲弓为代表，言语以子贡、宰予为代表，擅长政事者有冉有、子路，做学问方面有子游、子夏。这就是后世常说的“孔门十哲”。

孔子还很注意对学生的道德教育，其中的核心内容是“礼”和“仁”。其中“礼”为道德规范，“仁”为最高道德准则，二者相辅相成。在道德修养方面，孔子提出树立志向、克己、践履躬行、内省、勇于改过等。

孔子在教育弟子时，以身教为言教之先，常常以自身的言行来感化弟子。同时，孔子在学生面前，从不摆出一副独断独行的专横面孔，而是注重听取学生的意见，师生关系极其融洽。

孔子以私人身份从事教育活动40多年，相传有门生3000人，可谓“桃李满天下”。他的教育思想也对后世产生了极为深远的影响。

游历洛阳

孔子最敬慕、佩服的人就是周武王的弟弟周公。周公名旦，周朝的礼仪、文化，大半是周公所创，孔子对这些无不尽心研究。周公后来被封于鲁，是鲁国开国先祖。

孔子在杏坛收徒讲学之后已经是当世广受敬重的夫子，却仍然觉得学无止境。于是有一天，他邀请敬叔一起去洛阳游历。洛阳当时被称为周京，周武王开国之初，定陕西西安为都城，后来，西方犬戎作乱，周平王时迁都河南洛阳，这就是历史上把周朝划分为西周、东周的缘故。孔子游历洛阳有两个目的，一是参观先王遗制，并考察礼乐的源流，还有就是顺便拜访老聃。

老子雕像

老聃就是老子，《史记》上记载，老子是楚国苦县厉乡曲仁里人，姓李名耳，字伯阳，一说字聃。当时，老子是保管文物兼记录历史的史官，是一位极具名望的思想家。

孔子知道老子博古通今，深晓道德的精义、礼乐的奥旨，便有拜访求学之心。

当时规定，一般的平民是不准擅自离开国境的。这主要是因为我国古代历来将人口的多寡作为衡量国力强弱的一个重要指标。人口多，则劳动力多，生产就会增加，一旦遇到战争，兵源也就充足。也正是基于这个原因，孔子才会把前往洛阳的意愿向敬叔吐露，并邀他同行。

前面我们讲过敬叔和孔子的关系，他与哥哥孟懿子被父亲孟僖子要求待孔子以师礼。而孔子也认为这兄弟二人是难得的贤士，因此交往日厚，常常一起出游。尤其是敬叔，已经成了孔子很好的朋友。

敬叔欣然同意了孔子的邀约。不过，出国这样的大事，必须先得禀明国君得到允许才行。

国君素知敬叔是个贤臣，孔子又是一个极其勤勉好学的学者，因此对于他们准备出国游历的事，不但欣然同意，还赐给他们两匹马、一辆车用来代步。

从鲁国到洛阳只有几百里的路程，以现在的交通条件，几个小时也就到了。但是古代的交通大多是靠步行，即便孔子有鲁君赐给他的车辆，也着实经过不少时日的颠簸，才抵达洛阳。

周朝日渐衰微，洛阳也再没有了往日的繁华。不过，周朝的一切文物、典章还是很完整地被保存了下来。我国的古老文化发源于黄河流域，洛阳作为黄河沿岸一个历史悠久的文化中心，有着极为丰富的文化宝藏，许多的学者、乐师等也都聚集在这里。

孔子和敬叔一进洛阳城，就看到了以前他们从未见过的景象：建筑物巍峨高耸、鳞次栉比，道路宽阔平坦。其实当时鲁国也属富庶之地，但与都城洛阳一比，真是“小巫见大巫”了。

孔子和敬叔安顿好车马、行李以后，就迫不及待地到各处参观。他们游览的地方当时叫什么名字已不可考，其功能作用相当于今天的图书馆和博物馆。里面陈列着各种典籍，包括历史记录、医药、天文、农耕等等，种类之杂、数量之多,令人惊讶。这时候距离中国大范围使用纸张还有623年，如此多的典籍都是把文字刻在竹简上，再将一片片竹简连缀成册，其保存之不易可见一斑。

令孔子和敬叔印象最为深刻的是一个叫“明堂”的建筑，这是周王接见各国诸侯的地方。这座建筑宏伟异常，正殿的四周墙壁上，绘着古圣天子尧、舜的像，旁边还有他们施行仁政的相关记载；也有暴君桀、纣的像，以及他们的暴行的记载。仁君与暴君皆立碑作传，目的是让后人有所榜样，有所警惕。

正殿中央的墙壁上，绘着成王接受诸侯朝拜的情景。当年成王只有13岁，还是个孩子，根本无法治理国家。周公忠心耿耿，辅佐幼主，施行善政，奠定了周王朝国祚绵长的基础。

孔子看了以后，不禁对周公的伟大和贤德肃然起敬。

接着，他们又参观了许多先王、圣人遗留下来的青铜制品，包括鼎、壶，以及祭祀用的各种器皿。这些器皿做工精细，雅致庄严。孔子和敬叔心里产生了一种矛盾的感情：一方面自豪于古圣先贤的成就，一方面惋惜着周王室的日薄西山。两人流连徘徊了很长时间，不忍离去。

第二天，他们又去太祖后稷庙参观。后稷，名弃，相传是周朝的始祖。

庙前右边的石阶上，竖立了一个与真人一样大小的铜铸人像，人像的嘴巴上用三根钉子封着，人像背后刻着一段铭文，其中有一句是“古之慎言人也，戒之哉”，翻译成现代汉语就是，“这是古代说话谨慎的人，警戒啊”，接下来的铭文详细阐述了三缄其口、出言谨慎的必要性。

孔子回过头来对敬叔说：“古圣先贤们都以‘言不顾行’为耻辱，这铭文实在而中肯，合情而可信。我们应该多多体会啊！”

问礼于老聃

其实这次的洛阳相访，并不是孔子和老子的第一次见面。据《水经注·渭水注》记载，孔子曾在17岁那年见过老子，也曾向他请教过关于礼的事情。那应该是二人的第一次交集。

我们知道，儒家主张入世，思想较为积极；而道家主张出世，思想消极厌世。这从两派始祖初次见面的一段谈话里，就可以看出来。

孔子年轻自信，首先向这位前辈阐述了自己的抱负，他说：“现在社会风气一天天败坏，人人只图利己，不肯行正道。要拯救这种颓风，除了恢复古圣先贤的礼教外，恐怕没有其他方法了。前辈觉得呢？”

孔子的这一席话，充满了积极和热情的态度，却不免有些急陈和自负。这和孔子的年龄有很大关系，他当时满怀救世之心，但终究过于年轻，在求知和修养方面，还远远不够，需要一种更为宽大的胸襟和精神内涵方面更为深刻的审察。

老子的思想虽然较为消极，但他对于人民的疾苦确实深为同情，对文明的崩坏也极为关切。

老子慈祥、诚挚地告诉孔子说："你所说的古圣先贤早已作古，只怕连骨头都已腐朽成灰，现世只不过留下了他们的一些话而已。古人所谓'良贾深藏若无。君子盛德，容貌若愚'。一个善于经商的生意人，他不会把所有的货品都摆出来亮相，而只是陈列一小部分，看起来好像存货不多的样子。同理，一个具有良好德行的君子，外貌上看来，是会有点愚钝的。因此，我奉劝你，你的理想固然没错，可是万不可带有骄气或操之过急，否则的话，白白耗费你的时间和精力，也不会有什么结果。我能告诉你的就只有这些而已，你自己斟酌吧。"

老子这番训诲，对孔子来说，可谓受益匪浅。

这次游历洛阳，孔子和敬叔在各地参观了几日之后，就一起去拜访老子。

孔子已不复初见时的急陈和自负，而是更加稳重而谦和，他向老子请教礼、乐和道德方面的知识。

老子说："二位远道而来问我礼、乐之事，说来惭愧，礼和道德，我还知道一点。至于乐，自从尧、舜、禹、汤以来，古乐、今乐，实在太过繁杂，乐是宴饮祭祀时的必备，我不是乐官，所以并没有深入研究，不敢随便回答二位。不过，我有个好朋友，他叫苌弘，他家世代为朝廷乐官，他本人也极其精通音律。以后有机会，我可以介绍你们认识，到时候你们可以直接问他。”

孔子拱手作礼相谢，然后询问老子：“今礼与古礼相比，怎么样？”

老子微微叹气，说道：“今礼自然不及古礼。周公辅佐成王所制定的古礼，在周朝隆盛时，上至君王，下到平民，都谨遵恪守，无敢不从。可是自从迁都洛阳以来，王室衰微，诸侯争霸，各自称雄，古礼一天天泯没，到如今更是没有几个人知道了，真是令人惋惜遗憾啊！”

孔子继续问：“古礼都包括哪些礼制呢？我知道的太过零散，不能融会贯通，还请夫子指点一二。”

老子先阐述了礼制的重要性，他说：“礼制是关系国家治乱兴衰的大事。从前禹、汤、文、武在位时都能秉礼治国，所以国家昌盛，百姓安乐；而幽王、厉王则正好相反。由此看来，礼制问题实在应该受到君王的重视。”

接着，老子开始详细解释各种礼制，其中有一项郊社引起了孔子的浓厚兴趣。因为当时鲁国遵奉周公遗制，只在春季举行社祭，而没有在冬季举行过郊祭。

郊社指两种祭祀形式，郊祭祭天，一般在冬至于国都南郊举行；社祭祭地，一般在惊蛰于国都北郊举行。目的都是祈祷风调雨顺，农事丰收。

在古人的观念中，南方为阳位，所以在南郊祭天；天圆，所以南郊的祭坛筑成圆形，称为“圆丘”。北方为阴位，所以在北郊祭地；地方，所以北郊的祭坛筑成方形，称为“方丘”。祭天地自古以来就是天子的特权，历来都由皇帝亲自主持。皇帝如果因事不能亲祭，可以派人代劳，但还是以皇帝的名义举行。

郊社举行的间隔时间，历代各有不同，有的一岁一祭，有的三年一祭。国家有大丧时，可以暂停其他祭祀活动，却不能停止郊社。每逢郊社，包括皇帝在内，凡参加的王公贵族以及神职人员都必须先行斋戒。由皇宫通往南北祭坛的大道，也要预先清扫干净，而且沿路要点燃火炬。

孔子又再请教说：“以前我在家乡的时候，曾听郯子说过，居家有礼则长幼分，闺门有礼则三族和，朝廷有礼则官爵尊，田猎有礼则戎事闲，军旅有礼则武功成。如果这五样统统无礼，将会怎么样呢？”

“将会像盲者没有人搀扶，胡乱瞎闯一样，又好比一个人在昏暗中摸索，会进退失据，手足不知所措，那可是极其危险的啊！”

老子知道孔子是一位虚心求知的年轻学者，因此，对于他的发问，每每不厌其烦，详细地予以阐释，可谓知无不言、言无不尽。

当孔子结束这次拜访，向老子辞行时，老子又语重心长地对他说了一番话，他说："有钱人为别人送行时，多半是会赠送钱财的。我不是有钱人，只有一些学问和道德上的虚名罢了，就送你几句话作为礼物吧。我知道你一直在钻研古人的东西，其中也的确有借鉴意义，但就像我们第一次见面时，我说的那样：古人已死，连尸骨都已腐朽成灰。希望你不要一味地死守着古人留下的那几句话，而是应该加以活用。毕竟时代不同，情况有异，我想你是懂得这层道理的。

"此外，世间很多有聪明才智的人，他们能洞察先机，揣测别人的想法，却往往招来杀身之祸，不得善终。这是因为他们常常喜欢批评别人的是非、好管闲事。还有一些滔滔雄辩、头脑灵活的人，他们也总是处在烦恼之中，甚至无法保全自身。这是因为他们喜欢谈论别人的长短，揭发他人的隐私。

"所以，在家的时候，要尽量孝顺父母，尊重长辈，爱护幼小；出去做官的时候，要尽忠职守，施行仁政，善待百姓。君主能采纳你的诤言，当然最好；如果不能采纳，那就算了。听则仕，不听则退。我所要说的，也就是这些了。"

孔子很感激老子的忠告，他表示会铭记在心，终生不忘。

后来，孔子曾回忆起他与老子的几次交谈，他对弟子们说："我们都知道鸟善飞，鱼善游，兽善走。善走的兽类可以用网或兽夹来捉它，善游的鱼类可以用钓绳来捕它，善飞的鸟类可以用弓箭来射它，唯有乘风云而升到天上的龙，是奈何不得的。自从我见到老子以后，我觉得他就是龙一般的人物。"

学乐于苌弘

孔子和敬叔告别老子之后，依照老子的指示，来到苌弘的处所，直接登门造访。

苌弘，字叔，在周王室大臣刘文公手下任大夫，主要任务是观测天象、推演历法、占卜凶吉等。他博学多才，知天文地理，精星象音律，一生忠于周王室，最后却做了王室的替死鬼。据说，苌弘死后三年，他的血化成了碧玉。所谓“苌弘化碧”即由此而来。

苌弘一听是孔子来访，马上出门相迎。

宾主坐定，一番寒暄过后，孔子神色庄严、态度诚恳地请教他关于“武乐”的问题。

孔子说：“武乐实在深奥，我很愚钝，不明白它的意旨。请问武王作武乐的目的是什么呢？”

苌弘答道：“当年武王伐纣时，怕将士们不能长久地敬服他，因此，作这样的乐歌以警戒士兵。”

“我听说，武乐分为六成，请您讲解一下。”

“武乐是表彰周灭殷纣的功绩，共有六成：第一成出兵伐纣，第二成灭商，第三成开国，第四成南方各诸侯国归顺，第五成分封而治，第六成歌颂天子的圣德。这是武乐之大成。”

孔子又问：“武乐与韶乐，哪一种比较好？”

“武是武王的乐名，主要颂扬武功；韶是舜的乐名，是一种雅乐，主要用于祭祀、朝会、宴会等场合。如果以这两个人的功业而论，舜是继尧之后治理国事的仁君，武王则是伐纣以救民的圣主，可以说不分伯仲。不过，就乐论乐来说，韶乐的声音宏盛，字义尽美，比较大气；武乐的声容虽美，但歌调较为晦涩，稍逊于韶乐。所以总的来说，武乐尽美却不尽善，而韶乐可称得上是尽善尽美。”

这一番理论，孔子之前闻所未闻，因此喜不自胜。

多年以后，苌弘与别人谈论孔子时，曾夸赞孔子说：“从鲁国来的孔仲尼，生得一副异相，他的眼眶上下平而长，额头突出，很像黄帝；他手臂很长，背部弯曲像龟，且身长九尺六寸，很像成汤。他言谈之间，总是称颂先王、赞扬古人，态度谦逊，博学多能，简直是无所不识，无所不通。他具有圣人的仪表，也具有圣人的品行，可以说是圣人再世。”

避内乱，前往齐国

孔子仅仅在洛阳逗留了不到一年，就束装回国。

回国后，他和敬叔前往鲁昭公处复命。鲁昭公见孔子年纪轻轻，却仪态出众，神色庄严，问及游学的经过和心得时，孔子思路清晰，对答得体，因此极为欣赏他。此后孔子的声名更盛，慕名前来求教的弟子日益增多。

孔子和敬叔在洛阳游学期间，鲁国国内已是危机四伏。当时鲁国有三大公卿，即孟孙氏、叔孙氏、季孙氏，因为他们都是鲁桓公的后裔，所以称之为三桓。三桓各自培植私党多年，跋扈弄权，彼此明争暗斗，鲁君的势力早就衰落不振，国势岌岌可危。

三桓中以季孙氏最为跋扈，当时季孙氏的宗主是季平子。

季平子曾在自己的庭院里宴请宾客时，使用天子专用的礼乐，其骄横大胆、骄狂跋扈，可想而知。

鲁昭公终于忍无可忍，于公元前 517 年 9 月，亲率大军征讨。季平子没有想到鲁昭公会如此，仓皇间溃败而逃。

孟孙氏和叔孙氏本来对季孙氏的日益强大心生妒忌，但一看到鲁昭公不念旧情，大肆讨伐，不免有兔死狐悲、唇亡齿寒之感。因此，三桓联合起来对抗鲁昭公，如此一来，胜败之势，不问可知了。

鲁昭公狼狈地带着弟弟和三个儿子以及少数亲信，逃往邻近的齐国。

这时候，孔子 35 岁。他一向主张君臣各安己道，如今看到君主被权臣所逐，心中自然十分难过。他一心想让国君重返国门，以恢复政体，于是打算到齐国走一趟，展开一些政治活动。

齐国位于鲁国东部，也在今天的山东省境内。齐国是当时的大国，那里土地肥沃，物产丰富，且有渔盐之利。齐桓公（前 685—前 643 年在位）时，齐国有一位杰出的政治家管仲，经过他的整顿治理，齐国成为当时一等强国。如今是齐景公（前 547—前 490 年在位）当政，他手下的晏婴也是一位了不起的政治家，以节俭力行而闻名，因此，齐国政局安定，富庶繁荣。

孔子把家里的事情略作安排后，就率领颜回、子路等十几个弟子向齐国进发。

五岳之一的泰山位于鲁国与齐国之间。当孔子等一行人路过泰山附近时，看到人迹罕至的荒郊野外，竟有一个少妇跪在一座坟前，悲悲切切地啼哭。孔子命子路前去询问。

子路走了过去，以关切而同情的口吻问道："你有什么伤心事吗？这里虎狼出没无常，很不安全。"

那妇人抬起头来，又是感激又是哀痛地说道："谢谢你的关怀。我的公公和我的丈夫不久之前都被老虎咬死了。昨天，我唯一的儿子也被老虎咬死了。我现在无依无靠，怎么能不伤心呢？"

子路不免好奇地问道："既然你的公公和丈夫都曾经被老虎咬死，那你就该从这个危险的地方搬走，那你的儿子也就可以保住了。"

妇人回答说："我住的地方虽然常有虎狼出没，可是这里政治清明，没有贪官污吏，土匪流寇也很少，所以，我一直不想搬走。"

子路把妇人的话一五一十地向老师报告。孔子慨叹地告诫弟子们说："你们要记住，对老百姓来说，暴政比老虎更可怕。你们将来如果出仕为官，一定要施行仁政，善待百姓！"

这就是著名的"苛政猛于虎"的故事。

孔子一行人继续前进，越过泰山以后，就到达了齐国的都城临淄。齐景公早已接到报告，所以就先派人在城外等候。五年前，齐景公和晏婴曾到鲁国访问，那时就已经和孔子见过面了。当时齐景公曾经问孔子说："从前的秦国，幅员不大，又地处偏僻，何以能够称霸一方呢？"

孔子回答："秦国虽然幅员不大，可是人民都很有志气；地方虽然偏僻，但政治修明，立法无私，令出必行。再说，秦穆公（前659—前621年在位）礼贤下士，任人唯贤。就拿百里奚来说，他不过是一个牧牛的奴隶，秦穆公和他倾谈之后，发现了他的才干，用五张羊皮将他从楚国换来，破格拔擢，任命为宰相。百里奚在任七年，勤勉政事，推行周朝的官制和朝仪，兴教化，启民智，友邻邦，终于使秦国称霸。秦国的富强，绝非偶然。"

孔子的这番话给齐景公留下了非常深刻的印象。

这一次，鲁国内乱，鲁昭公出奔到齐国。因为两国一直有姻亲关系，所以齐景公对鲁昭公非常照顾。现在听说孔子也到齐国来了，他马上派大夫高昭子前往迎接。高昭子当年曾随景公一起访问鲁国，所以与孔子相识甚久。他仰慕孔子的学识和人品，对孔子礼敬有加，并结为至交。

旧友相逢，本来应该秉烛夜谈，畅叙离情。但鲁昭公有难，孔子自然心事重重，忧虑万分。高昭子告诉孔子说，鲁昭公在齐国已经受到妥善的安置，请他放心，并当晚为孔子设宴洗尘。

齐景公很快就接见了孔子。他先向孔子询问为政之道，孔子直言不讳地说："君王要像个君王，臣子要像个臣子；父亲要像个父亲，儿子要像个儿子。各自坚守应该遵循的道，地位持久有序，才能保持稳定，这是为政的根本。"

孔子的这几句话，是针砭时弊，有感而发，严正而带有警惕意味。齐景公当年被崔氏和庆氏两大家族拥立为君，之后一直是崔、庆两家专揽朝政。后来崔氏内乱，庆氏借平乱之机尽数诛杀崔氏一族，此后庆氏一家独大，专权揽政。没有多久，庆氏又被田氏所灭，齐国的实权就此掌握在田氏之手。这种情形和鲁国的三桓几乎一模一样。此时，齐国内乱方平，齐景公也刚刚亲理朝政没有多久。

接着，景公又问，除了以上几点外，还应该注意些什么。

孔子说："在于节财。"

这也是针对齐国的奢靡浪费、赋税太重而言。齐国濒临大海，海岸线很长，物产丰富，尤其盛产盐，这一部分的收入相当可观。但是景公仍不满足，还向人民征收重税，弄得国内叫苦连天，民怨四起。厉行节约，减轻赋税，自然能够得民心，政权也会更加稳固。

孔子的这句话实际上是在劝谏齐景公。可是景公只是夸奖孔子在为政之道上的学识，却没有联系到齐国现状。由此，孔子发现齐景公到底不是一个能够反省检讨的贤君，不免有些失望。

离齐返鲁

当时齐国的宰相晏婴和郑国的子产、吴国的季子被称为“三贤”。晏婴也是随齐景公访鲁的时候认识了孔子。

晏婴，字仲，谥平，习惯上多称其为平仲。他富于机智，口才极好，“橘生淮南则为橘，橘生淮北则为枳”的故事流传甚广。晏婴平时与人交往时，推心置腹，谦和有礼，很够交情，所以深受人们的尊敬。孔子曾经赞誉他说：“晏平仲善与人交，久而敬之。”

就是因为齐国有高昭子和晏婴这两位老朋友，孔子才来到齐国。他希望能够在齐国实现自己的政治抱负，并协助鲁昭公返国，恢复过去的秩序。如今一看，齐景公实非明君，孔子不由得生出了离开齐国的念头。

另外还有一个重要因素使孔子下定决心离开齐国，那就是晏婴对他的妒忌和排挤。

关于晏婴排挤孔子这件事，前人的史书中一直存疑。钱穆的《孔子传》中也认为此事不足信。

无论如何，孔子知道自己在齐国是很难有所作为了。不过，孔子在齐国期间，也有一些值得一提的收获。

其一是，高昭子对他的友谊。孔子决定要离开齐国时，高昭子曾挽留说：“您一心想要辅佐鲁君，即便不能称雄天下，也希望可以成为诸侯中的强国。这样的理想很伟大，我非常钦敬您。但是目前鲁国的形势实在是难以让您实现理想。我听说三桓已经拥立新君继位，称定公，他毫无实权，只是主管一些祭祀的事，徒具虚名而已。

“其实就您的先祖而论，宋才是您的祖国。可惜，宋国自襄公以来，国势渐弱，如今还不如鲁国，只怕更没有什么作为了。依我看，您如果想成就功业，还是留在齐国最为合适。齐国自管仲助桓公称霸以来，国势日强，府库充足。您辅佐景公成就霸业，可谓易如反掌。不如您再多考虑一下。”

孔子说：“管仲是个仁人，他主张内尊周室、外攘夷狄，最难得的是，他能够不起兵乱，便助桓公称霸于诸侯。管仲应该受到万民的称颂。如果没有他，桓公不但不能成就霸业，周朝的天下怕是也会成为夷狄的天下，那时候，我们就只能披头散发，穿夷狄的服饰，变成夷狄百姓了。”

其二是，孔子在齐得以专心学习韶乐。《论语》上说，孔子在齐闻韶，三月不知肉味，但他对韶乐仍然有困惑的地方。有一次，吴国派季子出使齐国，高昭子曾替他们引见。孔子向季子阐明了自己的困惑，他说：“我到齐国以后，亲自听到了韶乐，确实优美无比。可是，有一件事，我始终深感不解，想向您请教。”

季子说：“不敢当，只要是我知道的，一定知无不言、言无不尽，请说吧。”

“请问，韶乐在前，武乐在后，武王为什么不仿效韶乐，而偏偏作这种声容不大、歌意晦涩的武乐呢？”

“这是因为他们的处境不同。当年尧把自己的女儿嫁给舜，后来又把天下禅让给他。舜一直处于顺境，他作《南风歌》，不仅声容宏大，而且歌中充满了快乐。后人听到韶乐，完全可以想象出舜盛德化民的场景。

“至于武王，他出兵伐纣时，军中带着文王的牌位。行军途中，曾有人拦马谏诤，说做臣子的不可以伐君。商纣虽然暴虐无道，但是武王仍然摆脱不了以臣伐君的批评。对武王来说，他处于逆境。在这种情况下作乐记功，自然不能过分彰显自己的功德，也不能尽情描述商纣的罪恶，所以武乐就显得吞吞吐吐、曲折难解，令人感到晦涩了。”

季子这一番剖析，真是精辟无比。

出仕

政绩斐然

公元前515年，孔子37岁时返回鲁国，但是他并没有从政，而是致力于教育事业。他的弟子越来越多，已经有几位被朝廷任用，出而为官，政绩斐然。

当时鲁国国内的情势是孔子拒不出仕的重要原因。公元前505年，季孙氏宗主之位传到季桓子，季桓子年幼，军政大权落到家臣阳货手中。阳货排除异己，软禁幼主，俨然成了季孙氏的当家人。时年，三桓宗主皆幼，阳货也就成了鲁国第一权臣，领导着三桓少主，执政鲁国。

公元前504年，阳货想请孔子出来做官，借此笼络人心。但由于政见不同，孔子没有答应。后来，三桓联手驱逐阳货，鲁国恢复到鲁侯坐朝、三桓执政的局面，政局渐趋安定。季桓子对孔子仰慕已久，很想请他出来从政，以推行政治改革，富国强兵。

公元前501年，孔子51岁，鲁定公任命他为中都宰。中都是今山东省汶上县，宰即当地的地方官。孔子到任后，从三个方面着手治理中都：一是改良地方风气，实施礼治；

二是预防水、旱灾；三是倡导节约，革除陋习。

一年后，中都大治。男守忠信，女知贞节，商业繁盛，民风淳朴，可说是路不拾遗、夜不闭户。

鲁定公对孔子在中都的政绩极为赞赏，曾召其入宫，问他：“你的政治主张，在中都极有成效。如果在全国范围内推广，可行吗？”

孔子说：“自然可行。”

定公马上任命孔子为大司空。大司空是掌管全国土地建设的官员。

孔子到任之后，马上带着几个弟子考察全国，勘探各处土地的性质和肥瘠，把山林、川泽等一一测量。什么地方的土壤适合种植什么样的农作物，什么地方的池塘适宜养什么样的水产物，什么地方的河川该筑堤还是该疏浚……凡此种种都调查得一清二楚，然后付诸实行。

不久以后，地尽其利，人尽其才，鲁国已无一片荒地，也见不到一个游民。物产丰饶，人民富足安定，国家的税收也增加不少。

诛少正卯

公元前500年，孔子52岁。鲁定公擢升其为大司寇。大司寇是掌管刑事的官员。

当时，阳货之乱始平，世道人心还有些败坏。孔子出任大司寇之后，决心大力整顿。他的做法是先把几个首恶分子予以惩处，杀鸡儆猴。

少正卯是阳货的党羽，他有钱有势，暗中怂恿他人反叛朝廷。孔子决心拿他开刀。

孔子的这种做法是很冒险的，万一不成，极有可能丢掉官位，就连自己的性命也可能不保。

孔子的弟子曾劝谏说："夫子，少正卯是鲁国的名人，并没有听说他做了什么坏事，夫子想处置他，外面都在议论呢！"

孔子说："少正卯表面良善，暗中却做尽坏事。他的潜在势力很大，平时利用辩才，蛊惑了很多百姓。这种颠倒是非、混淆黑白的罪魁祸首，一日不除，终是国家的大患。"

"那么，有什么具体的罪证呢？"弟子问。

"他五恶俱备，只要有一恶，就足以危害家邦。"

此处的"五恶"指"心达而险""行辟而坚""言伪而变""记丑而博""顺非而泽"。也就是说少正卯知识渊博却用心险恶，有叛逆思想，处心积虑地想篡夺政权；行为邪僻而不知悔改，广结党羽，培植爪牙；强词夺理，言行偏激，且善于狡辩；刻意关注社会的阴暗面，鼓吹丑恶，主张凶狠；不纠正错误言行，却加以修饰、维护。

孔子逮捕了少正卯之后，当众宣布了他的罪状，下令将他斩首示众。鲁国的大夫以及百姓，无不慑服。

从此之后，坏人再也不敢作奸犯科、漠视法令了。之后，孔子开始建立纲纪，整饬吏治。没过多久，鲁国大治，四方商贾云集，络绎于途。

夹谷会盟

孔子出任大司寇期间，还有一件大事，必须要单独拿出来讲述。

鲁国和晋国曾订有友好盟约，而鲁国和齐国则有姻亲关系。有一次，晋齐之间爆发了战争，这使得鲁国左右为难，只好保持中立态度，两不相帮。不久，齐国被晋击败。

战事刚刚结束，齐国元气未复，生怕南方的吴国趁势入侵，于是希望和鲁国举行会盟，一方面以示修好，另一方面鲁国的太平景象和蒸蒸日上也无形中对地理相邻的齐国造成了威胁。

会盟的地点定在齐国境内的夹谷，在今山东省济南市南部，位于泰山东麓。

鲁定公接到齐国要求会盟的邀请后，一时之间犹豫不定，立即召集季桓子、叔孙輒、仲孙无忌等权臣进宫商量。

仲孙无忌认为晏婴善诈，此次未必是好意，不可贸然前往。

季桓子却说，齐国常常大军压境，使鲁国深受威胁。如今齐国被晋国击败，想跟鲁国修好，也是情理之中的事情，拒绝了反而不好。

鲁定公看到大家的意见有分歧，说道："寡人认为纵使对方有什么阴谋，我们也没有拒绝的理由，只是随从与会的既能抵御敌人又能进行外交谈判的人才实在难求。"

叔孙輒说："按照定例，诸侯会盟时是由丞相随行的。"

季桓子就是当时鲁国的丞相，他抢着说："这个重任，我可胜任不了啊。"

仲孙无忌考虑了一下，说道："大司寇孔丘学识渊博，足智多谋。他出仕以来政绩斐然，齐国对他既敬且畏。他倒是一个适当的人选，只是职位上不相符。"

季桓子立刻接道："我愿意马上辞去相位，暂由大司寇担任，这样就名正言顺了。"

当晚宫中设宴，商讨赴会事宜。孔子也被召入宫中受命。

定公问孔子："齐使的来书上'乘车之会'的字样是什么意思？"

孔子回答："这是秉承齐桓公不用兵车会盟的遗命。就是会盟时只乘车，不带兵车随行。"

定公不安地问道："这么说来，我们就不能带兵车护送了？"

孔子谨慎地回答说："当初管仲助齐桓公称霸天下，会盟诸侯时，各国确实都没有带兵车。不过，此一时彼一时，现在的齐相晏婴善行诈术，还是小心点好。从前宋国和楚国会盟的时候，也是约定不用兵车的，不料楚国失信，事先设下埋伏，宋国大败。这是前车之鉴啊，我们不能重蹈覆辙。现在距离会盟还有不少时日，我请求设立左右司马的职位，掌军政，先行训练，以备不时之需。”

定公应允。

会盟当天，孔子保护定公驾车起程，左右司马各率兵车五百乘远远地跟随。另外派了一员勇将统率精兵三百乘驻扎在距离夹谷五百里处。左右司马的千乘兵车停在夹谷十里外待命，并沿途设下联络点，传递信息，一旦发现异常，立刻驰援。

齐景公以主人的身份先到夹谷等候。

当年诸侯会盟的时候都要事先筑起土坛，与盟的诸侯在坛上会谈，所有随从人员则在坛下伺候。此次齐国筑的坛十分简陋，摆明了没把小小的鲁国放在眼里。

这是有原因的，因为齐国眼见鲁国任用孔子以后，国势逐渐强盛，感觉受到了威胁，有点不安。此次会盟名义上是修好，实际上是想摆出一种大国的姿态，所以故意在礼节方面做得很草率，显示出对对方的不重视。

齐国大夫黎鉏事先曾向景公建议说：“鲁国国势日盛，实是我国的心腹大患。听说此次陪同鲁君前来的是孔丘。他虽是名闻天下的贤人，但没学过兵法，能文不能武，知礼不知勇。我们不妨挑选几个精壮的莱夷人,在会盟时登坛献乐，乘机把鲁君和孔丘拿下，还怕他们不乖乖听话吗？”

景公考虑了半晌，认为此事非同儿戏，应该和丞相商量一下再作决定。

黎鉏说："丞相和孔丘素有情谊，万一他加以阻拦，岂不是错过了大好时机。"

景公虽然一直犹豫不决，但禁不住黎鉏一再相劝，并分析利害得失，终于同意了，并交给黎鉏去妥善安排。

会盟开始，执事官启请两国君主登坛。齐君以晏婴为相，鲁君以孔子为相，分别恭敬地站在坛的左右方。两国国君相对施礼后，缓步登坛就座。

首先由晏婴叙述两国始祖周公旦、太公望的遗泽，然后约定两国永修旧好，和睦相处，不负今日会盟之意。接着举行献酬玉帛之礼。

礼毕，执事官奏请作乐。

依照往例，这种场合应该演奏古乐助兴。可是齐国方面派出的乐工，却是一群手执戈矛，长发露脐的野蛮人。

定公见状，吓得面色苍白。孔子急步登坛挡在定公面前，神色庄严地高声说道："今天是两国会盟修好的日子，怎么能演奏夷狄之乐？这不仅是对天地神明不敬，更是有辱贵国国体。难道说，贵国不懂礼乐，只欣赏这种夷狄之音吗？一旦传出去，岂不贻笑大方？"

孔子的态度不卑不亢，简短的几句话铿锵有力，义正词严，不仅保全了鲁国的颜面，还使得景公既羞且惭，很是下不来台。于是，景公立即喝令莱夷人撤走。

执事官又奏请献演宫中之乐。不想黎鉏一计不成，又生一计。在演奏过程中,他命令一群优倡小丑唱着跳着拥向台上。

孔子声色俱厉地说:“匹夫戏诸侯,该当死罪!请贵国的司马执法!”

景公与齐国大臣面面相觑,一时都拿不定主意。

孔子立刻奏道:“两国既然已经修好,就如同兄弟一般。我国的司马就在坛下,让他来代为执法吧。”

不等景公答复,孔子立即高唤左右司马速速上坛。两将领命,飞奔上坛捉住两名优倡的领队,手起剑落。可怜这两个受人利用的傀儡小丑,立时便身首异处。

齐国方面的与会人员,个个目瞪口呆,宰相晏婴更是暗暗叫苦不迭。会盟只好草草结束。

景公回宫以后,大发雷霆,狠狠地训斥了黎鉏。可是,这都于事无补,如何善后才是真正让人头痛的难题。

宰相晏婴建议将先后索取或占领的鲁国的三块土地归还,这样方能尽释前嫌。景公只好照办。而鲁国方面不但保存了颜面,还收回了失地,真可以说是一次外交上的大胜利。当然,这个胜利完全要归功于孔子。

隳三都,削三桓

孔子在外交上打了胜仗之后,转而在国内继续施展他的抱负。

当时周朝为了防范诸侯日后造反难以平定，曾立下一个规矩：贵族诸侯的城墙不得超过 18 尺。但此时三桓掌控鲁国大势，根本不理会这个规矩。

孔子想要削弱贵族的势力，建立中央集权，以免再出现昭公出奔的旧事。于是他联手鲁定公开始实行“隳三都”的行动，也就是推掉三桓封地城墙多出 18 尺的部分。

当时季孙氏的城堡在费邑（今山东省临沂市西北），叔孙氏的城堡在郈邑（今山东省东平县东），孟孙氏的城堡在成邑（今山东省宁阳县东北）。

孔子的这项主张，首先得到了季孙氏的响应。因为费邑的地方行政长官叫公山不狃，他曾与阳货交好，阳货兵败逃亡齐国之后，他借着费邑坚固的城墙和季桓子对抗。季桓子想趁此机会把公山不狃赶走。

孔子派子路去执行这个任务。公山不狃顽强抗命，后来被左右司马率兵击败，被迫逃亡。费邑的城墙得以顺利被拆除。

接着，叔孙氏主动将郈邑的城墙拆掉了。

最后轮到孟孙氏，却遭到了拒绝。他的理由是，成邑靠近齐国，假如没有坚固的城墙，根本无法自保。

孔子认为，保卫疆土是政府的责任，不需要各大夫自拥军队，自建城堡。孟孙氏坚决不受，孔子于是奏请定公派军队强制执行，但却屡攻不下，双方陷入僵持。

孔子觉得长此以往，实非国家之福，何况“隳三都”的计划已完成了三分之二,也就暂时搁置了孟孙氏城墙的问题。

“隳三都”的行动虽然没有完全成功，但在一定程度上削弱了三桓的势力，同时也使孔子和三桓成了敌人。

孔子日后不得不中断仕途和救国理想，被迫与弟子们周游列国，与这件事情有很大关系。

周游列国

决定离鲁

鲁国政治日渐清明，社会安定，内政外交都取得了很大成功，正一天天步上富强之途。此时最为惶恐不安的是齐国，必须要想办法阻断鲁国的富强之路，否则以后一定难逃被吞并的命运。

夹谷会盟后不久，宰相晏婴病逝。黎鉏重新获得齐景公的宠信，他建议用美人计离间孔子和鲁定公。

黎鉏说："爱好女色，乃人之本性，尤其是处于升平之世，多半会耽于逸乐。我们不妨挑选一些冶艳善舞的美女和良驹骏马送到鲁国去。鲁君和季桓子都是壮年人，不可能不动心的。只要他们接受下来，就会疏远孔丘；即使一时没有疏远他，他也会直言诤谏，到头来，必定会惹火定公。孔丘被斥责事小，说不定还会获罪。在这种情况下，他还能再留恋下去吗？"

景公听了黎鉏这条计策，大为激赏，深以为妙，吩咐他即刻去办理，越快越好。于是，没过多久，80位年轻貌美、能歌善舞的女子，以及120匹披挂耀眼装饰的良驹被送往鲁国。

这一行人暂时停歇在鲁国都城外，还不敢贸然进城，而是先派人进谒季桓子。季桓子还有所顾忌，暂且微服前往察看。不看则已，一看之下，不由得怦然心动。鲁国一向崇尚朴实，几时见过这等奢华的场面。那些衣饰华丽、美艳绝伦的女子和雄骏健壮的良驹真是晃花了他的眼睛。季桓子赶忙回去报告鲁定公。

定公也很想亲自去看看，可是直接前往实在有损明君声誉。季桓子揣摩着鲁君的心思，建议他以视察民情为借口。定公自然十分赞同，立即下令备车前往。一见之下，定公顿时心乱神迷，魂销魄荡，当场吩咐季桓子一一点收，并马上修书向景公致谢。

定公回宫以后，将美女和骏马分了一部分赐给季桓子。从此君臣两人沉迷于声色犬马，渐渐地在政事方面也就懈怠了。

孔子多次求见,都遭拒绝。子路认为国家已经没有前途，心中非常失望，劝孔子辞去官职离开鲁国。

孔子并不是贪恋官位，而是一切以国家为重，尚未完全看不到希望以前，决不能先放弃自己的责任。

他安慰子路说："事情还没到绝望的地步，国君和季桓子都是年轻人，一时沉溺于声色之中，也是可以理解的，他们很快就会醒悟的。过几天就要举行郊祭大典了,依照惯例，郊祭以后，一定要分胙肉给各位大臣。如果到时候国君亲自主持祭祀仪式，并且分赠胙肉给我们的话，就表示他并没有忘记重大的祭典，也没有忘记对我们表示尊敬和倚重。国家的前途仍有可为，你先不要太悲观。”

可是,到了祭祀这一天,定公和季桓子正陶醉在温柔乡里，乐不思蜀，早已经把祭祀一事忘得干干净净。仅仅由神职人员走了一遍形式，就草草结束，也没有遵循旧例分赐胙肉。

这下子，孔子可真失望了。所以当子路等一批弟子再度请求他离开鲁国时，孔子黯然点头答应了。

其实，孔子的内心是十分凄楚的，他怎么会愿意离开自己的家乡漂泊在外呢。他一心想依靠自己的学识和才能，把鲁国治理得富强康乐，但事与愿违，真是令他痛心疾首，无奈之至。

子路和冉有当时都是季孙氏的家臣，孔子辞官后，他们也一个个跟着弃官出走。于官位，他们一向视如敝屣，倒不如一辈子追随孔子左右。

于是，孔子率领一班高足弟子，以流动的讲学团体，又像是有理想、有抱负的政治团体的姿态，开始了长达 14 年周游列国的生涯。

这时是公元前 497 年，孔子已经 55 岁。

一适卫国

孔子把诸事交给伯鱼照顾，自己带领弟子往西而去，目的地是卫国。

当他们到达鲁国边境，准备停下来歇息的时候，几匹马飞奔扬尘，从后面追赶上来。原来是季桓子派人前来挽留，来人说:“季卿听说夫子弃官出走,立即命我问问究竟。夫子，并没人得罪您啊，为什么要离开呢？”

孔子回道:“我可以唱首歌，作为答复。”

于是，孔子抚琴而歌之:“彼妇之口，可以出走；彼妇之谒，可以死败。盖优哉游哉，维以卒岁。”

这段词的大意是说：那些迷惑人的妇人，可以逼走大臣和亲信；那些迷惑人的妇人，足以败国亡身。我已尽力，无法力挽狂澜，倒不如悠闲地度过余生。

来人一听孔子唱完，一阵心酸，不禁潸然泪下。他知道孔子去意已决，根本无法挽留，只好含泪和孔子珍重道别。

孔子周游列国的第一站选择去卫国是有理由的：第一，卫国有一位孔子非常推崇的贤人蘧伯玉；第二，当时卫国国君灵公治理卫国三十余年，社会非常安定；第三，也是最主要的，子路的岳父家在卫国，他的妻兄颜浊邹可以对孔子一行人加以照顾。

颜回提出了反对意见，他说:“卫君不能重用蘧伯玉，可见也算不得是一位贤君。再说卫夫人南子，素有丑闻，可见卫国必定教化不良。常言道：良禽择木而栖，贤臣择主而事。夫子为什么一定要去卫国呢？”

孔子说:“卫国确实有不少贤臣，例如史如这个人，极为正直。邦国有道，他是如此；邦国无道，他仍是如此。至于蘧伯玉没有出来做官，也许是未曾受到推荐的缘故。南子是宋国的公主，后来嫁到卫国，关于她的丑闻是由很多因素造成的，我们不能一口断定是因为卫国教化不良。”

卫国的疆域大概在今天河南省的北部，是当年周武王的弟弟康叔的封地，算起来，卫、鲁两国也有姻亲关系。

一行人进入卫国，在一个小镇上休息。当地一个驻守边关的小吏久慕孔子大名，想要求见。冉有认为这么一个小小的官吏，夫子大可不必见他。孔子则认为不然，于是一位瘦小的老头被引了进来。

孔子和蔼地询问他：“您今年高寿？工作繁忙吗？”

孔子周游列国雕塑

老人回答:“已经虚度七十有五。老了,不中用了。不过,因为工作的关系,倒是可以经常见到一些名人。”

他和孔子谈了很久,对孔子的学识和品德越来越敬佩。他告辞出来的时候,对前来相送的孔子的弟子说:“我今天能拜见夫子,真是三生有幸!以夫子的才能,如果局限于鲁国国内,那实在是太可惜了!老天是派夫子下凡,作为警世的木铎,让他传声布道。你们一定要好好跟着夫子,大可不必灰心。”

“木铎”是以木为舌的大铃铛,一般是铜质的。若以金属为舌,就叫“金铎”。当时,政府每逢要宣布法令时,就巡行摇铃使百姓们注意倾听。

这位守关小吏的意思是,上天有意让孔子离开鲁国,周游各地,以告诫天下人民何为正道。

弟子们听他这么一说,深感自己责任的重大,同时也坚信夫子的政治理想一定可以实现。

孔子乘坐的车子轮流由弟子们驾驭。这一天,正好冉有驾车,孔子一路观赏风景。此时已经快要接近卫国的都城。

孔子对冉有说:“看起来,这里人口众多。”

冉有答:“是啊,这里的确人口很多。人多了以后,该怎么做呢?”

孔子说:“使他们富裕。”

“富裕了以后呢?”

“就得施以教化,让他们学习礼仪,懂得做人的道理。”

这时候，性急的子路插口问道：“夫子，怎样才算是君子呢？”

孔子说：“修养自己，着重于一个‘敬’字。”

子路接着又问：“这样就够了吗？”

孔子说：“先要修养好自己，然后再去安定别人。”

“这样就可以了吗？”子路仍然追根究底地问下去。

孔子不厌其烦地告诉他说：“一定要自己修养好了，才能进一步去安定百姓。说到修养自己、安定百姓，这不是一件容易的事情，就连尧、舜恐怕还不能完全做到呢。”

谈话之间，一行人已经进入都城。

卫、鲁两个小国地理接近，先祖又同出一脉，建国已有几百年，彼此间从未发生过什么纠纷，人情、风俗也大同小异。卫国的百姓听说鲁国的孔子来了，个个拍手称庆，希望他能长住卫国，帮助卫君改革政治，让人民过上安乐的日子。

孔子及一众弟子就安顿在子路的妻兄颜浊邹家里。颜浊邹是卫国的大夫，他对孔子仰慕已久。此次孔子能住在他家，他感到莫大的光荣，故而热忱接待，谦恭有礼，丝毫不敢怠慢。

卫国的将军文子久闻孔子大名，敬重孔子是当世的圣人。他曾竭力向卫灵公推荐孔子，盛赞其学问道德。

卫灵公比孔子小了十多岁，他知道孔子是名闻天下的大学者，如今来到卫国，自然感到荣幸，但一时又不知委任他以何种官职才合适。因此，卫灵公第一次接见孔子时，只是说了一些无关紧要的话题。他问孔子在鲁国的时候，俸禄是多少。

孔子见他问出这种无关宏旨的小事,心中难免有些不悦,但仍压抑着自己的情绪答道:“俸米六万斗。”

灵公随即吩咐比照鲁国的俸禄给予孔子，但没有和孔子谈论政治上的问题，似乎也没有起用孔子的意思。

卫国有个美男子名叫弥子瑕，是灵公的宠臣，他曾派人带话给子路，大意是说，如果夫子想做官，只需他一句话，就能办到。言下之意，是要孔子买他的账，亲自去拜托他，他就可以借此自抬身价了。

孔子岂是那样的人，他当然不肯答应。不想这弥子瑕也是个小人，被孔子扫了颜面，竟恼羞成怒，怀恨在心。

卫国还有一位权臣，名叫王孙贾，他很敬佩孔子，生怕孔子会因为失望而离开卫国,心想:卫灵公若是不能重用他,不如把他收为自己的部属，还可以壮大声势。他用试探性的口吻对孔子说:“与其媚于奥，宁媚于灶。”

奥指房屋的西南角，是尊者所居的位置。灶指砖石砌成的生火做饭的设备，与奥相比，自然没有那么尊贵，却是日常生活中不可缺少的。这句话是比喻与其盼望国君的起用,不如依附权贵。也就是说,灵公不能赏识你,我可以录用你。

当时卫国的形势和鲁国的三桓专权差不多，国君权势不大，实权都掌握在权臣手中。

孔子的答复是:“不然。获罪于天，无所祷也。”这句话的意思是，不行，这是不对的。如果我这么做，就是犯了滔天大罪，向什么神明祝祷都不能获得原谅。

孔子认为自己坚持原则无可非议，可是，这么一来，他又多得罪了一个人。

匡城被围

孔子在卫国住了十个月，一直郁郁不得志，且有人在卫灵公面前进谗言，使得卫灵公对孔子起了疑心，派人公开监视孔子的行动。于是，孔子带弟子离开卫国，准备前往陈国。陈也是一个小国，相传是武王建立周朝之后，找到了舜的后裔，分封于此地。陈国的疆域大概在今河南省东部至安徽省亳州西北部。

辞别颜浊邹后，孔子一行人整装南下，往陈国进发。

卫国国境处有一个小城叫做匡城，在今河北省长垣市西南，孔子到达这里时曾发生过一场误会，使得他们饱受惊吓。

当时，孔子一行人数众多，浩浩荡荡，又有车马随行，所以他们一进匡城，就引来了很多百姓的围观。围观的民众对他们这一行人非常注意，他们很想看清车里坐的是什么人。

当年阳货从鲁国出逃时，曾路过匡城，在此地作威作福，欺压良善，留下恶名，匡人恨之入骨。偏偏孔子的相貌长得和阳货有几分相似，因此，匡人一见孔子，误以为是阳货又率领党羽前来。匡人一心要报昔日之仇，于是把孔子的居处团团围住。

子路怒发冲冠，准备和匡人决一死战。孔子立刻制止说：“不要鲁莽，我们和匡人素无冤仇，其中一定是有什么误会。再说，文王已经去世，周朝的礼制文化就在我们这群人手里了。如果上天要让这文化不得传承，我们这些人自然不应该领悟到它；如果上天想让这文化流传后世，匡人又能把我们怎么样呢？”

说罢，孔子命颜回去向匡人询问缘由，然后自己则镇静如常地坐下来抚琴。一曲《文王操》抚过三遍之后，外面的喊打喊杀声变成了连连赔不是的声音。想来是匡人听了颜回的解释，知道里面坐的不是阳货，而是鲁国的大学者孔子。

不一会儿，颜回平安归来，孔子松了一口气说：“你终于平安回来了，我一直担心会发生什么意外呢！”

颜回恭敬地回答说：“夫子健在，弟子誓要追随夫子，怎么敢死呢？”

返回卫国

匡城之围后，孔子一行到达蒲城。这时候，蘧伯玉带了一批人也赶到此地，他是来挽留孔子不要离开卫国的。

蘧伯玉见到孔子后，立即万分歉疚地说：“我前些日子正好有事去了郑国，昨天才回来，听文子将军说，夫子已经离开，我们特别着急，赶紧到颜浊邹家去询问，他却迟迟不肯直言相告。几经追问，他才说出夫子一行将去陈国。我到这里之前，听说夫子在匡城被围了数日，今日见夫子无恙，我才稍稍安心一点。夫子请看在文子将军的薄面上，跟我回卫国吧。”

孔子见他言辞恳切，也就答应了。

蘧伯玉还告诉孔子一些他的近况，贤大夫史鱼曾大力举荐伯玉，灵公却未能采用。后来文子将军以自己的去留为他力争，仍不见用。文子将军无奈，见蘧伯玉家贫，只能时常予以周济。

孔子听到这里，更加钦佩文子将军了。之后，孔子率领弟子返回卫国，就住在蘧伯玉家中。灵公虽仍未予以重任，但待之以客卿之礼。

不久，贤大夫史鱼病危，他临终前对家人说：“我为官多年，不求声名显赫，不求荣华富贵，一直想举荐蘧伯玉，罢黜弥子瑕，却始终未能如愿。我活着的时候不能匡扶社稷，引导君王走正途，死后也不应该享受殡葬的礼制。所以，我死以后，不必急于入殓安葬。”

家里人只好遵从遗命。文武百官前往吊唁时，询问为什么不入殓，家人据实相告。灵公知道以后，深受触动，亲自前往致丧。在史鱼灵前，卫灵公悔恨交加：“寡人没有及时采纳贤大夫的忠谏，这是寡人的过失。寡人一定尽全力补救，你们快让他入土为安吧。”

灵公回宫后，立即下旨任用蘧伯玉，并将弥子瑕降职。

孔子听说这件事之后，十分感慨："古往今来，凡是忠臣谏君，势必至死方休。而史鱼在死后，竟然不忘尸谏，终于感动君王。史鱼称得上是一位直臣了。"

子见南子

卫灵公的夫人南子是宋国的公主，17 岁时嫁于灵公。相传她极其貌美，有才气，但名声一直不太好。灵公几乎对她言听计从。久而久之，南子便开始干预起政事。那时，凡是有求于君王的，只要走走她的门路，必定可以成功。

南子很早就听说过孔子，知道他是一位大学问家，生得魁梧异常，却一直没有被重用。南子觉得用不了多久，孔子一定会来向她请托。可是过了很长时间，孔子也没有来求见，这反而引起她想见孔子的好奇心了。

于是，有一天，南子派人宣召孔子进宫。孔子何尝不了解这是晋升的好机会，但作为一个正人君子，怎么可以利用裙带关系而达到目的。所以，他拒绝了。他让来人转告南子，只要不是出于灵公的意旨，就不合礼法；不合礼法的事，君子是绝不会做的。

南子自出生以来，先为一国公主，后为一国之后，自然是顺风顺水惯了的，还没有哪个人敢像孔子这样拒绝她的要求。南子心里未免觉得不甘心。最后，她用了一些技巧，说动了灵公,以灵公的名义召孔子入宫,孔子自然不能再拒绝了。

孔子被带进宫以后,在一间挂着帷帐的会客室晋见南子。孔子神情肃穆，面朝北行稽首之礼。不一会儿，听到帐后有衣裙窸窣、环佩叮当的声音，应该是南子正在还礼。一礼已毕，环佩又开始叮当作响，南子竟还礼两次。这倒是罕有的事情，也许南子见着孔子如此君子情状，也不由得生出敬仰之心吧。

弟子子路性情耿直，对孔子晋见南子一事一直十分不高兴。

孔子解释说:“我原本也不想见她，可是是灵公召见，不得不走一趟。既然见了，自然要遵守该有的礼仪。如果我有什么错误的话，就让上天厌弃我！”

孔子见过南子以后，卫灵公对孔子的印象发生了改变，他觉得孔子并不是想象中的那么严肃拘谨，因此，在对待孔子的态度上不免有点随便。在他看来，这是君臣感情深厚，不拘小节的表现；但看在孔子的眼里，这就不合礼法了。下面的这则故事，是促使孔子决心离开卫国的直接因素。

有一天，灵公派人宣召孔子进宫，说有要事相商。孔子到了以后，灵公突然有事，需要出去一趟。于是，就征求孔子的意见，他说:“我刚好有事要出去，你我就在车上谈，怎么样？”

孔子一听，觉得这也没什么不可，就答应了。这时候，南子打扮得花枝招展地走了过来，她撒起娇来，也要跟着去。

本来，像这种场合，夫人是不能随行的，可是灵公并没有拒绝南子。孔子站在一旁，进退两难，尴尬万分。

灵公向孔子表示了歉意：“那就请你乘后面一辆车子吧。”

灵公和南子的马车华丽非常，一路招摇过市，路人为之侧目。孔子从那些人的眼神里，不难看出人民心中对灵公这种行为的恶劣印象。让一位名闻天下的学者跟在后面陪乘，这简直是一种侮辱，孔子的心中很不是滋味。

这件事之后，孔子叹息说：“我没有见过像喜爱美色一样尊崇道德的人！”

卫灵公的这种做法，既不成体统，又有些不尊重读书人的意思。孔子对他十分失望，于是决心要离开了。他叫弟子收拾行囊，第二天就起程。伯玉和文子苦苦挽留，孔子不改初衷，只是约定以后有机会一定再来，并留下几个弟子在卫国出仕，然后登车而去。

晋室相邀

晋国位于山西省，还包括晋、冀、豫交界处的一部分土地，是春秋时的大国之一。

孔子尚在卫国之时，晋国中牟的地方官佛肸曾特地派人送来一封书信，大意是现在晋国四卿之一的赵氏意图篡位，而我佛肸世代为晋民，不愿助赵氏逆君犯上，因此准备在中牟起义，以保护晋室，恳请孔子前往晋国阻止赵氏作乱。中牟在今河南省鹤壁市西。

晋国自君王下设有六卿，同掌朝政。当时赵氏的宗主名鞅，世称赵简子。他确有篡夺君位的意图，此时正在攻打六卿之一的范氏和中行氏。但是佛肸的心思也并不像他信中说的那样大义凛然，他占据中牟，完全是想借三卿内乱之际，坐收渔利。

孔子收到信后，心想自己到处不得志，政治理想始终没有实现的机会。如果佛肸真是当世豪杰，倒可以和他共图尊周攘夷的大计，因此很想前往相助。

子路看到这种情形，对孔子说："我曾经听夫子说过，那个人本身在做不好的事，君子是不会去加入的。赵简子固然有窃国的野心，但佛肸自据中牟，也是犯上作乱。夫子为什么要去帮助这样一个人呢？"

孔子说："我是说过这句话。但是如果真的意志坚定，再怎么磨砺也不会有所损耗；如果真的心境清明，再怎么污染也不会变黑。所以不管到哪里，都不要在乎外界的条件如何，而要保持自己内心的东西。我可不像一个匏瓜，岂能挂在那里中看不中吃呢。"

匏瓜就是葫芦，它到老熟时，皮质坚硬，去掉里面的瓤，可以做盛水的用具。它生长时，系在藤上，不被人摘食。孔子的意思是说，他不能像匏瓜那样悬系着，而成为不可食之物，比喻他不愿在世间做无用之人。

子路理解孔子的意思，但佛肸实不是正直忠厚之人，所以一再诤谏，并指出佛肸与阳货其实是同一类人。孔子生平对阳货之流最为憎恶，于是往晋一事就此作罢。

后来,范氏和中行氏被赵简子打败,晋国便只剩下赵、魏、韩、智四卿，各据封邑。

赵简子为篡夺君位，一面训练士卒，厚植势力；一面诛杀贤人，控制国内舆论，以便名正言顺达成叛乱阴谋。首先被害的是晋国的贤人窦鸣犊和舜华。

范氏和中行氏被灭之后，赵氏在四卿之中一家独大。赵简子认为国内的阻碍力量已除，大业得成指日可待。他听说客居卫国的孔丘名闻天下，如果能请他前来相助，自然更加水到渠成。于是，赵简子派人携厚礼敦请孔子前往晋国。

孔子此时也正准备离开卫国，还没有决定下一个目的地是何处。恰好赵简子厚礼相邀,孔子认为亲自前往一看究竟，也未尝不可。于是，他立即命弟子们打点行装，拒绝了蘧伯玉的挽留，驱车往晋国而去。

途中停在河边休息的时候，孔子一行人巧遇弟子申绩。

孔子问他:“我早就想到晋国去看看，过去佛肸曾派人专程来请我,我听说他是个犯上的人,我生平最厌恶这种人,所以就没有答应。如今赵简子也派人来邀请，据子路说，赵简子贪得无厌、残暴不仁，不知真相如何。你是晋国人，你倒说说看，也好让我作个参考。”

申绩回答："赵简子的确是有篡逆的野心，他首先铲除碍手碍脚的人物，例如窦鸣犊、舜华，他们都是晋国洁身自好的君子，简子未得志时，他们都曾帮助过他。简子得势后故意表现出一副礼贤下士、重贤任能的样子，先委以要职，却又处处掣肘，使他们无法达到要求、完成任务，然后再以此为借口，加以杀害，这样他们的死就好像跟自己没有关系了。这是多么狠毒的做法。国内很多人都明白实情，但谁也不敢讲话，否则就会惹来杀身之祸。夫子你还是不要去了，他派人相请是企图利用夫子的名望以壮大他的声势，其实他根本就容不下贤人。"

孔子一声长叹,走到河边,望着滚滚而逝的流水叹道:"浩浩荡荡的流水，多么美啊！可是，我却不能过去，这想必是命中注定吧。"

子贡当时紧随在旁，他问孔子为何兴叹。

孔子说："窦鸣犊、舜华都曾帮助过简子，如今他竟然以怨报德。我曾听说过，如果剖腹取胎，杀死幼兽，麒麟就不肯去那里的郊野；如果竭泽而渔，一网打尽，蛟龙就不肯在此地降雨；如果捣毁巢窠，打碎鸟蛋，凤凰就不会飞到这里。这是什么缘故呢？君子看到他的同类被害而感到伤心啊。鸟兽对于这种不义之举尚且知道躲避，何况是我呢？"

就这样，孔子中止晋国之行，而取道曹国，前往自己的祖国——宋国。这时，孔子已经 59 岁。

宋国遇险

这时，鲁定公已经去世，鲁国由定公之子哀公（前494—前468年在位）继位。鲁哀公曾派人来请孔子回国，孔子心中盘算着鲁国政务废弛，国势益弱，恐已难挽颓势，但国君派人来请，总不能拒而不受，于是命弟子冉有回鲁国从政。

冉有，名求，字子有，多才多艺，以政事见称。他返回鲁国时，哀公问他："夫子现在在哪个国家？"

冉有回答："正要去宋国。"

"自从寡人主政以来，一直苦于没有贤人从旁相助，你这次回来得正好，请你一定要留下来协助我，千万不要推辞啊。"

冉有见他态度恳切，言辞谦逊，只好应命。

恰好，鲁国的右司马不久前去世，哀公就任命冉有出任右司马。司马掌管兵事，可以发挥自己的长处，所以冉有欣然受命。从此冉有长期在鲁国做官。后来，孔子得以结束周游生涯，返回鲁国，就是冉有在哀公面前力保所致。

另一边，孔子一行抵达宋国国境后，颜回先去拜访了他的旧友子罕。子罕一听孔子已入宋国边界，立即奏明宋君。宋君之前也久慕孔子盛名，马上命大司马桓魋前往迎接。

桓魋这个人极为专横跋扈，他深恐孔子会受到宋君的重用，所以故意在宋君面前进谗言。一来二去，宋君信以为真，便嘱咐桓魋暗中留意孔子的行动。

有一天，孔子同弟子们到郊外游览，看到一大群人在雕凿一个石质的棺椁。棺椁十分大，那群工人个个疲惫不堪，却又不敢怠慢。

孔子好奇地询问一个工人说：“你们劳师动众造这么大的一个石棺椁做什么？”

“这是大司马命令做的。”工人回答。

孔子又问：“为什么要做这么大？”

工人四下看看，然后极小声地说：“他死后要许多人跟着陪葬的，所以棺椁当然是越大越好了。唉，我们命苦，被征来做苦役。前几天已经有好几个人被累死了。”

孔子长叹一声，说：“这真是人间惨事，千古未闻啊！”

很快，桓魋知道了孔子这一天的活动，自然也知道了他说的这句话。桓魋心想，孔丘不除，始终是个隐患。

有一次，桓魋当着宋君的面，奚落孔子道：“您在鲁国时，官拜大司寇，位高权重，怎么没能使鲁国臻于富强之境，称雄于诸侯呢？从这方面看，您似乎不及管仲和晏婴啊。您既然弃官离开鲁国，却不隐居山林，反而终日东奔西走，乞求别国的赏识和任用。从这方面看，您似乎不及伯夷和叔齐啊。”

伯夷和叔齐是商末孤竹国的两位王子，彼此禅让王位，最后为守节饿死在首阳山。儒家学派对两人评价很高，称其“能以国让，仁孰大焉”。桓魋拿此二人比孔子，显然是嘲笑孔子对故国并非忠心耿耿。

孔子不慌不忙地回答：“我在鲁国做官时，主张君臣有位，长幼有序，致力于兴教化，正刑狱。鲁国后来人人知耻达礼，路不拾遗，执法听讼，无私无纵。以至于邻邦仰慕而前来观摩，络绎于途，这些想必大司马不会没有耳闻，我也不多说了。

“至于我弃官离开，那是因为鲁国的君王和宰相都沉溺于声色，我屡次劝谏，他们却充耳不闻，所以我才不得不出此下策。但我心里还是希望我离开之后，他们能够醒悟，从此远美色、亲贤臣。我虽然游历在外，却时时刻刻以故国为念，从来不敢忘怀。”

桓魋本想当众羞辱孔子，不料却给了孔子侃侃而谈的机会。在座诸人听了孔子一席话之后，都对他更加叹服。宋国的忠良之士，竭诚希望孔子能够久留宋国，改革政事、翦除奸佞，助宋国繁荣富强。

经此一事，桓魋对孔子可谓恨之入骨。他一方面开始从中作梗，使得宋君对孔子一直未予重用；一方面积极着手部署，企图杀害孔子。

那段时间，孔子闲来无事时，常常跟弟子们在所住行馆附近的一棵大树下讲学论道。

桓魋向宋君进谗说："孔丘这个人心怀不轨，我听说他曾经告诉他的弟子们，宋是他的祖国，他有心篡夺政权。常有人看见他和学生们聚在行馆旁边的大树下，名义上是讲学，实际上是密谋造反，您可得小心啊。"

宋君一听，大为吃惊，问道："这消息你怎么知道的？可靠吗？"

桓魋言之凿凿地回禀说："是我派在行馆里的心腹探听到的，绝对假不了。"

"那我们该怎么办呢？把他们赶走？"

"不行。如果直接赶走孔丘，您一定会受到别人的批评。这件事，交给臣去办理好了。"

"好，你看着办吧。"

桓魋领命回去以后，密嘱心腹，挑选几十名家丁，换上杂色衣服，准备趁清晨孔子和弟子在大树下讲学论道的时候，一拥而上，杀他个措手不及。

第二天黎明时分，几十名乔装成盗匪的家丁，埋伏在大树附近候命。

这时，天刚蒙蒙亮，且大雾弥漫，家丁中领头的那个人远远望去，由于大树枝丫甚多，看起来好像人影幢幢。他一声令下，一伙人扑杀过去，把树枝砍得七零八落，却不见一个人影。他们赶紧掉转头来，奔向行馆，里面却空无一人。

原来，孔子所住的行馆离子罕家不远，子罕深知孔子的处境十分危险，因此秘密嘱咐行馆里面的人要细心照顾孔子，不得有所疏忽。桓魋派家丁埋伏在大树周围时，孔子已经收到了子罕的通知，所以预先逃走了。

桓魋得到家丁的回报后，气得暴跳如雷，下令发兵追赶。可是孔子早就走远了，已经追赶不及。

过郑往陈

孔子自宋国出逃时，因为行路匆忙，有一部分弟子失散了，还好事先约定前往郑国。

郑国位于今河南省新郑市附近。周厉王的幼子被封于郑，起初郑国在陕西省华县一带，幽王时，平民起义，犬戎入侵，郑国国君携所有财产和百姓迁至河南省嵩山以东，是为新郑。

子贡首先抵达郑国，他不知道孔子一行人是否到了，所以四处打听。

后来有一个人告诉他说："我在东门看到一个人，身高九尺以上，他的额头像尧，他的脖子像皋陶，他的肩像子产。然而自腰以下，就比夏禹差那么三寸了。他看上去十分疲惫，一副不得志的样子，好像丧家之犬。"

子贡连忙赶到东门，果然见着了孔子。孔子问他是怎么找到这儿的。子贡不敢有所隐瞒，就把刚才郑人说的话，一五一十地告诉了孔子。

孔子笑着说："他把我和尧这样的古圣贤相比，未必恰当，倒是把我形容成丧家之犬，非常妙！妙极了！”

当时郑国有位贤相叫公孙侨，字子产，他主政时宽严并济，对内用礼法驾驭宗亲世族，对外用外交手段与强国相抗衡。所以郑国虽处于晋、楚两个大国之间，却始终能保持安定，避免战祸的牵连。孔子对他极为推崇、景仰，所以前去拜会。

子产任郑国丞相多年，周旋于晋、楚二强之间，每每心力交瘁，深感苦恼，也想向孔子求教。

孔子告诉他说：“国家的存亡兴衰，不在于疆域的大小。当年成汤所在的亳地，方圆仅70里而已，武王的镐地，也不过方圆百里，他们当时的处境和贵国现在相似，到后来，还不是一统天下了吗？”

子产谦逊地答道：“敝国微小，实在不敢希冀能成就成汤和武王的盛业。但请夫子指点，成汤和武王究竟是怎样治理国家，而使羸弱小国终能统一天下呢？”

孔子说：“很简单。不外乎韬光养晦等待时机，举任贤人辅佐国政。成汤得伊尹、文王访太公，就是很好的例子。”

子产称谢道：“谨受教。”后来，子产曾多次邀请孔子同朝为官，孔子都婉言谢绝了。

子贡为此疑惑不解：“夫子一向抱持着匡扶君王、造福百姓之心，为什么不答应他呢？”

孔子说：“子产做丞相这么多年，尚不能使郑国强盛，我有什么才能，能够胜过他呢？”

孔子准备到陈国走一趟。

在陈三年

公元前 492 年，孔子已经 60 岁了。他最初离开卫国时，本想直接到陈国的，可是经过匡城之围后，久未能如愿。这一次，他终于到了陈国。

自此以后三年，孔子一直往来于陈国、叶城、蔡国之间。

孔子到达陈国后，陈国的君主愍公对孔子非常礼遇，他也很虚心，经常向孔子求教。

有一次，愍公收到消息，说鲁都发生了火灾，且殃及宗庙。愍公把这件事告诉孔子，孔子十分肯定地说："不会殃及所有宗庙，一定是桓公、僖公的庙受到了影响。"

愍公心想，你又没有亲眼看见，怎敢如此肯定？他忍不住问道："您怎么知道不会殃及宗庙呢？水火无情，难道它还会长眼睛不成？"这句话当然很不客气，也有些失了陈君的风度和礼仪。

孔子正色回答："鲁国的先祖里面，有勋绩的尊之为祖，有德行的尊之为宗，然后立庙奉祀，以示不忘先祖的功业。桓公、僖公并没有什么勋德，他们的庙本就不该留下，只因国君不忍废弃，所以才保留至今。但是，人是拗不过天命的，我想它一定难逃天灾。您如果不相信，就等着瞧吧。”

过了几天，鲁国又有消息传来，果然不出孔子所料，焚毁的正是桓公、僖公的庙。从此，愍公对孔子更加敬服。

还有一次，一只隼掉落在愍公宫殿的后花园里。隼是一种比鹰略小的鸟类。它的身上插着一支箭，箭头由石头制成，箭杆长一尺八寸，是陈国从未见过的。愍公把这支箭拿去请教孔子。

孔子接过箭来，端详了一会儿，说：“这只隼是从很远的地方飞过来的，因为这种箭是肃慎国（古代国名，在今东北吉林省）所产。

“当年周武王灭了商朝以后，与四方不同民族交好，恢复往来，他们曾呈献各自的特产给周朝，以示朝贺尊崇之意。当时肃慎国呈献的就是这种箭。

“武王把肃慎国进贡的箭分赐给长女太姬，又把太姬许配给您的先祖虞胡公。武王当年把珍宝玉器赏赐给同姓诸侯，是要推广加深亲族的关系；将远方献纳的贡品分赐给异姓诸侯，是让他们不要忘记自己的职责和义务。所以肃慎国的箭分赐给了陈国。”

愍公随即命人清查府库，果然发现了当年武王所赐的石箭。从此之后，愍公对孔子的博学佩服得五体投地。

叶公问政

孔子在陈国这段时间，经常往来于蔡国和叶城之间。

蔡国的辖地大致在今河南省驻马店市蔡县一带，最初是周武王的弟弟叔度的封地。叶城在今河南省叶县的南面。

曾经有一次，叶城的地方官向孔子请教为政之道。

孔子说："为政之道在于首先安抚身边百姓，这样就可以招徕远方的贤人。"

孔子的这句话，是针对叶城的时势有感而发。当时，叶城这个地方在楚国的势力范围内，但是因与蔡国接壤，所以境内有很多蔡国人。如果不能善待他们，势必会引起乱事。

叶公固然对孔子十分钦佩，但孔子说的话，他似乎还不能彻底理解。于是他转而向子路询问孔子到底是怎样的一个人。

子路觉得难以回答，就来禀告孔子。

孔子对子路说："你应该这样告诉他：孔丘做学问时从不感疲倦，教诲别人从不觉厌烦，发奋努力起来，就废寝忘食。他乐于学习和教诲别人，以至于忘记了忧愁，也忘记了自己原来已经如此老迈。"孔子的这段话是对他一生生活态度的真实写照。

有一次，孔子从叶城去蔡国，由于迷失方向，被一条大河挡住了去路。这条河河面很宽，河上既无桥梁，河边也没有渡船，大家彷徨无依，不知如何是好。

孔子坐在车里,远远看见河岸边有两个农人在田里耕作，于是派子路去打听路径。

原来，这两个人是隐士，一个叫长沮，另一个叫桀溺。

子路走上前去，恭恭敬敬地作了一揖:“请问两位，渡口在哪里？”

手拿锄头，个子较高的是长沮，他没有直接回答子路的问话，却反过来问道:“坐在车子里的人是谁？”

子路答:“是孔丘。”

“是鲁国的孔丘吗？”

“正是。”

“鲁国的孔丘周游列国，足迹遍天下，他怎么会不知道渡口在哪里呢。”

子路碰了个软钉子，心里有些气恼，但不敢发作，只能耐着性子转向站在另一边、手执钉耙的桀溺问:“请问仁兄可知道这条河的渡口在哪里？”

桀溺抬起头来，将子路从头到脚打量了一阵，问道:“你是谁？”

“我叫仲由，字子路。”

“哦，你是孔丘的弟子？”

“是的。”

“如今这样的时局，到处都是一片荒乱，哪有人能够改变现状呢？你啊，与其跟着夫子乱跑，躲避无道之主，追寻有道明君，还不如跟随我们这些不问世事的人在一起耕田锄草来得逍遥自在。”说完，两人低下头去锄草，再也不理会子路了。

子路无奈，只得回来把这些话原原本本地告诉了孔子。

孔子一时之间感慨万千。良久，他叹息着说：“人怎么可以和鸟兽住在一起？他们这些人隐居于山林，躲开了世事纷争，只和鸟兽往来，我可做不到。一个人如果不融入更广大的人群里，去关怀他人爱护他人，又能和谁共存于世呢？如果天下太平，百姓安乐，我又何必如此四处奔走，希冀改变世道呢？他们又何必恓恓惶惶东躲西藏呢？算了，我们就沿着河边走，迟早会找到渡口的。”

一行人沿着河边前进，果然没走出几里，就发现了一处渡口，于是大家顺利过了河。再往前走，子路不知何故落在了后面，找不到孔子。他在路上看到一个拄着拐杖、背着柳条筐的老人。子路走上前去，恭敬行礼，打听孔子的行踪。

老人诧异地望着子路说道：“你们这些人从不劳动四肢，连五谷都分辨不清楚，我怎么知道谁是你的老师？”说完，竟头也不回地走了。

后来，子路追上了孔子一行人，把经过告诉了孔子。孔子说：“这恐怕又是一位隐士。你在哪里碰到他的？我们追上去和他谈谈。”可是，这位老人早已走远，不见踪影了。

陈蔡之困

公元前 489 年，孔子 63 岁。

吴国大举攻陈，由于陈国与楚国结盟，且一向尊楚君为主，所以这次楚昭王亲自率军，助陈反攻。楚昭王的大军驻扎在一个叫城父的城池，在今安徽省亳州市东南。孔子很早就听说楚昭王非常开明，一直有心到楚国走一趟。楚昭王也听说孔子此时正在陈国，于是派人来邀请孔子。

从陈国到楚国，要经过很多小国，这些国家一直处于吴、楚两大强国的争夺之中，其中有一个就是蔡国。蔡国曾一度倾向吴国而迁往州来（今安徽省凤台县），但是有一部分人却被楚国迁到负函（今河南省信阳市）。如果要前往楚国，就必须经过名义上属于蔡国的负函。

这一段路程正是吴、楚交兵的地带，非常危险。孔子一行人只好冒险前进。

当陈、蔡两国知道孔子准备投奔楚国时，心里非常着急。他们深恐一旦楚王重用孔子，楚国就会更为富强。楚国实力强大，楚君也早有称王天下的野心，到时候如果想吞并各国，像陈、蔡这样的小国，自然首当其冲，所以两国商量一定要尽力阻止孔子赴楚才行。结果，两国商量出来的办法是派兵把孔子一伙人团团围住。他们并不是想加害孔子，只是想借包围之势断了他们的粮食供应，使他们打消去楚国的念头。

孔子和弟子们被围困在荒郊野外，粮食日渐减少，最初尚可饱三餐，渐渐地改为两餐，最后改为一餐，眼看就要粒米皆无了。

弟子们疲惫不堪，饿得都站不起来了，都头晕目眩地躺在草地上。孔子却仍然讲习诵读，演奏歌唱，传授诗书礼乐，毫不间断。

子路脾气火暴，性情刚直，他问孔子说：“请问夫子，君子也有穷困的时候吗？”

孔子说：“君子自然也有穷困的时候。但君子能够在穷困中恪守本分，小人一旦穷困就会不顾一切地为非作歹了。”

孔子又继续对弟子们说：“《诗经》上说，不是犀牛也不是老虎，却疲于奔命在空旷的原野上。我们的学说有不对的地方吗？我们为什么会在这荒郊野外受苦呢？”

子路抢着回答：“我猜想是我们还不够仁德吧，所以人们不相信我们；或者是我们还不够智慧，所以人们不肯实行我们的主张。”

孔子摇摇头说：“是这个原因吗？如果仁者必能受到信任，那伯夷和叔齐也不至于饿死在首阳山了；如果智者的理论必能通行于世，那比干也就不至于遭受剖心之刑了。”顿了一顿，孔子又再剖析说，“你要知道，遇或不遇，要靠时机，君子博学深谋而怀才不遇的，自古以来就很多。生长在深谷中的幽兰，并不因无人欣赏就不散发清香。君子修德立道，不能因为穷困就放弃自己的原则。当年晋公重耳被困于曹卫还能保持争霸的雄心，越王勾践被困于会稽还能发愤图强成就霸业。”

子路默然而退。

孔子又叫子贡上前来，拿同样的问题问他。子贡恭敬地回答说：“我想也许是夫子的道理过于高深，夫子的理想过于崇高，所以人们都不能理解。如果把它略为降低些，说不定就可以行得通了。夫子以为呢？”

“子贡，你要知道，即便一个终年辛勤劳作的农夫，也不能保证年年丰收，遇到天灾，他也无能为力；一个手艺精巧可夺天工的匠人，他制作的东西也未必能使每个人都满意。你不去研究自己的学说，反而希望降格来取悦迎合世人，这志向未免有点小了。这是不对的。”

子贡虚心受教，也默然退下。接着，孔子把颜回叫过来，还是问他同样的问题。

颜回答：“夫子的学说极其博大，夫子的理想极其崇高，所以天下没有一个国家能够容纳。即使如此，夫子还是尽全力去推广实行。不被容纳怕什么？正是不被容纳才能显现出君子本色！如果说，我们自己的学问不够，那是我们的过错；如果我们的学问已经完善修明，却还是不能被采纳，那就是掌权者的耻辱。所以，不为世俗所接纳，这绝不是夫子的过错。”

孔子听后，欣喜不已，对颜回大加夸赞，并且用这番话转而安慰大家。

围困到第六天，存粮已经告罄，迫于无奈，只好冒险突围去求救兵了。

子贡自告奋勇愿意一试，他趁天黑时，偷偷潜至包围圈附近，伏低身子，仔细探查动静。士兵们由于连续多日的围困，也多已疲惫不堪。子贡见他们抱着戈矛蹲在草地里打瞌睡，就悄悄摸了过去，然后小心谨慎地穿过封锁线。他不敢怠慢，星夜赶往城父向楚军求援。

楚昭王得到消息后，马上派兵相迎。孔子和弟子们被困在陈蔡之间七天，这下总算脱险，并马上被护送到楚国。

转往楚国

楚国的辖地在江南一带和长江流域，大致包括现在的湖北省全境以及湖南、重庆、河南、安徽、江苏、江西的部分地区。我国古老文化的发源地是黄河流域，所以中原以外的其他地区都被视为蛮夷之地。楚国虽然在当时武力强大，政治清明，贸易也很发达，一派新兴景象，但中原人士仍把它看作野蛮国家。

楚昭王是楚国一位很有政绩的君主，他在多国伐楚的战争中最后借秦国援兵得以复国。他曾经力排众议，决定以后再不祭河神。孔子见楚昭王不媚神，认为他是有道之君，一直很想去见见他。

楚国的士兵将孔子一行护送到城父时,楚昭王正在病中，却仍然抱病出迎，这使孔子感觉受到了极大的礼遇。此后，楚昭王经常向孔子请教为政之道，并且准备把有户籍的方圆700 里之地封给孔子。

这时候，楚昭王身边有一个臣子叫子西，对孔子所受到的宠信十分嫉妒。他暗自忖度：孔丘在鲁国时，出任大司寇，政绩斐然，声名远播。现在一旦楚王重用他，我一定会失势，所以我必须阻止这件事。第一步就是不能让他获得封地，他没有了禄养，生活尚且成问题，自然不能久居，然后他自己就会主动离开楚国。这样做比较好，可以不露痕迹。

子西计策已定，于是向昭王进谏说：“在外交事务上，我国有人能及得上子贡的辩才吗？”

昭王说：“没有。”

子西又问：“战争时，我国有像子路一样冲锋陷阵，勇冠三军的将才吗？”

昭王说：“没有。”

子西又问：“辅佐大王的臣子中，有人能及得上颜回吗？”

昭王说：“没有。”

子西又问：“处理政事时，我国有人能及得上宰予的才干吗？”

昭王说："也没有。"

子西继续说："当初我国的先祖受封时，封地只不过方圆数十里，后来经过多少代的逐渐垦拓，才有今天的局面，这实在得来不易。孔丘一向主张遵从古制，延续三皇五帝的法度，继续周公、召公的事业。大王如果采用他的主张，我们楚国还能世世代代堂堂正正地拥有延绵数千里的国土吗？再说，当初文王在丰京、武王在镐京，不过只有百里的封地，而后修德行仁，竟能成就一统天下的功业。如今，孔丘名闻天下，又有很多贤德的弟子辅佐，这封地一旦给了他，他若稍有异心……"

楚昭王本就多疑，一听子西如此说，对孔子的信任自然大打折扣。他不待子西说完，就打断了他的话："我知道了，不必再说下去。"从此之后，孔子被冷落下来。

有一天，孔子和弟子们在郊外散步时，见到一个披头散发的狂人，一面走一面唱歌。

这个人姓陆名通，字接舆，是春秋时期楚国著名的隐士。平时"躬耕以食"，因对当时昭王政令的无常不满，故意披头散发，假装癫狂，所以人们都称他为楚狂。

他唱的歌词大意是：

凤啊，凤啊。

一直未蒙录用，竟然衰微到如此地步！

过去的已经过去，

未来的还可挽回。

算了吧，算了吧！

乱世的政治无所作为，从政的人很危险啊！

孔子听了他的歌，心有感触，正想走过去攀谈一番，他却疯疯癫癫地跑了。

孔子知道，隐者素来清高、雅洁，苟全性命于乱世，不求飞黄腾达,只求独善其身。所以孔子即便欣赏隐者的品格，也无法苟同这样的处世态度。独善其身对世道人心的改变根本没有任何益处，孔子一生怀抱着济世安民之心，希望靠自己的政治主张使天下从无道变为有道，避世归隐明显不是他的作风。

不过，从隐者的歌中可以听出，楚国的政治只怕也无所作为了。这一年秋天，楚昭王病逝。

由楚返卫

离开楚国之后，孔子对未来的何去何从很是茫然。经过一番比较，他最后决定返回卫国。

因为当时卫国和鲁国关系较为密切，相互之间也较为和谐。孔子当年离开卫国时，好友文子将军曾一再挽留。孔子的弟子中，也有好几位留在卫国出仕为官。如此，一来可以和故友叙旧，二来也能亲自了解一下弟子们在卫国的政绩。

这时候，卫灵公已经去世，继位的是卫出公。他听说孔子回到了卫国，想请孔子协助治理国政。

子路说：“卫国国君等待您来治理国政，您会先做什么呢？”

孔子说：“最先做的一定是端正名分啊！”

子路说：“有这样治理国政的吗？夫子您是不是太过迂腐了，何必费力去端正名分呢？”

孔子说：“名分不正的话，发出的指令就不能被顺从；发出的指令不能被顺从，事情就不会成功；事情不成功，礼乐就不能振兴；礼乐不振兴，刑罚就不会准确；刑罚不准确，百姓就会感到手足无措了。君子做事必须符合名分，说过的话必须要做到。君子对于自己的言行，半点都不能马虎。”

后来，子路被任命为蒲邑的地方官，在他赴任以前，向孔子请示施政方针。

孔子只给了他两句极为简短的话：“先之，劳之。”

意思是，为政者必须以身作则，树立榜样，吃苦在前，才能使百姓敬服。

子路又再追问说：“其次呢？”

孔子回答：“无倦。”

意思是，做任何事，都得有始有终，不可怠惰偷懒。

孔子知道子路的性格豪爽而急躁，所以又再叮咛说：“蒲邑的人，生性凶顽，你得小心注意才是。你不能再像以前一样急躁，态度上一定要谦恭谨慎。你拿出诚意去对待他们，他们自然就会信服你。处事要公正、宽大，不能奖惩无度，滥施刑罚，要多关心百姓的疾苦。我相信，你会成功的。”

子路谨记老师的训诲，到任后，先赴各地视察，全面掌握蒲邑的情况。他发现该地常有水患，于是，决定先修水利。他和老百姓一起劳作，每天早出晚归，比一般老百姓更勤勉、更辛苦，还时常自掏腰包慰劳他们。百姓们都感激不尽，个个奋勇尽力，不敢稍有懈怠。

孔子听说这件事后，马上派人通知子路，说他处理得不妥当。

子路心想，我是照老师的意思做的啊。我自己和百姓们一块儿劳作，已经很辛苦了，看到他们饿着肚子抢修堤防，还自掏腰包让他们吃饱。这有什么不对的？怎么老师反认为处理得不妥当呢？子路不免一肚子怨气，最后百思不得其解，决定去问个明白。

当他来见孔子时，孔子早就知道他的来意，所以还没等他开口，就和蔼地对他说：“我知道你心里有疑问，也有怨气。我并不是说你兴修水利有什么不对，而是你自掏腰包慰劳他们的做法有失妥当。百姓们为了预防灾害而从事地方建设，的确不能让他们饿着肚子劳作，你应该把这件事报告给上级。上面知道以后，自然会将谷仓中的米分发给修堤坝的人，这也显示出为政者对这件事的重视。可是，你这样的做法，就等于是说君主不仁，而只有你仁慈为怀。万一有人借着此事向君主进谗，说你沽名钓誉，甚至诬陷你争取民心，图谋不轨，那你就危险了，明白吗？”

子路不免一阵后怕，觉得为政着实不易，孔子的指点使他很是受教。过了一年，子路邀请孔子到蒲邑去看看。

孔子命子贡驾车，前往蒲邑。一路上只见河流畅通，道路平整，四通八达。

孔子不禁赞叹说：“子路为政一定很勤谨，他得到了百姓的信服。”

车子进入蒲城时，孔子看到城中商旅往来不绝，秩序井然，又夸奖说：“子路做事，既切实又宽厚。”

车子到达子路住宅的庭院时，家臣下人皆知礼守法，待人谦和，孔子又说：“子路管理有方，临事勇断。”

子贡听到孔子连续不断地夸奖子路，心中不免有些疑惑。他说：“夫子还没有听到子路的报告，就连连赞叹不止，可否请夫子说一说您的观感？”

孔子微笑一下，说道：“我们一路走来，看到阡陌分明，丝毫没有凌乱，而且河流、沟渠畅通，道路平整且四通八达，可见子路做事谨慎勤勉，深得人心。进城以来，看到城墙及各项建筑都很坚实，林木也很茂盛，可见子路做事切实宽厚，不做表面文章。最后看到他住的庭院整洁、静肃，仆人们礼貌周到，殷勤接待，可见他管理有方，临事勇断。这样斐然可观的成绩，还不值得夸奖吗？”

孔子从不轻易夸赞任何人，尤其是自己的弟子。恭立在一旁的子路听了孔子这席话，感动得热泪盈眶。终于得到夫子的赞赏了，子路怎么能不高兴呢？要知道，平时挨骂最多的就是他。

孔子这次在卫国待了很长时间，由于自身年龄一天天老迈，他已不想出来做官。而他的弟子则因文武双全，多半被各国礼聘而去。他们受教于孔子,都想实现孔子的政治理想，因此，也都全力以赴。孔子以在野身份协助弟子们从政，不时给他们一些指导，做他们的精神支柱。

倦游归鲁

现在我们回过头来说说孔子周游各国的这些年，他的故国鲁国的情况。

鲁国自孔子离开后，国力日渐衰微，到孔子第三次回到卫国时，正是鲁哀公执政。此时，南面的吴国已经强大起来。

吴国包括现在苏皖两省全境及赣东北部分地区，都城在江苏无锡，国力强盛，疆域辽阔。但也同楚国一样，被中原人视为蛮夷之邦。

本来，中原各国之间曾有约定，互不侵犯，数百年来相安无事。可是，被视为蛮夷之邦的南方新兴国家，例如吴、楚等国，却不理会这个约定，只要能够开拓疆土，侵略之名根本不放在眼里。

其中最蛮横的就是吴国，经常以武力侵略邻近小国。不仅如此，吴国历代君主都有称霸中原的野心。

公元前 500 年，齐景公和鲁定公会盟于夹谷，有很大程度上是怕吴、鲁结盟而威胁到齐国。如今，吴国已经吞并了鲁国南方的一些小国，正企图用合纵连横的策略达到称霸中原的最终目标。

公元前 494 年，吴王夫差仅继位两年，就大败越王勾践。一时间，吴国的势力越发扩张，鲁国感到深受威胁。鲁哀公七年，即公元前 488 年，吴国和鲁国在鄫城（今河南省柘城县北）举行会谈。吴国强行要求鲁国用一百头牛、一百只羊、一百头猪作为献礼。虽然这超越了当时礼制规定的数字，但鲁国慑于吴国的威势，只好如数奉上。

吴国又要求鲁国三桓中掌权的季孙氏派宗主亲往吴国谈判，当时季孙氏的宗主是季康子。季康子深恐前往吴国会遭遇不测或受到侮辱，借用了当时尚在卫国的子贡。子贡深负辩才无碍，随季康子前去交涉。经过一番唇枪舌剑，鲁国终于获得了外交上的胜利。吴国这才作罢。

公元前 487 年，吴国不顾一年之前与鲁国的和谈盟约，出兵攻鲁。幸而鲁国军民拼死抵抗，吴国只好退兵。

这时候，犯上作乱从鲁国出逃的阳货正在晋国，企图帮助流亡至此的卫国太子蒯聩回国接位。他们得到了晋国的支持，本想出兵伐卫，但又顾及鲁、卫之间的关系，恐两国联手相抗。后来，他心生一计，齐、鲁两国虽有姻亲关系，但夹谷会盟之后，鲁国索要回齐国之前占领的城池，此事使齐国极为不满。现在可以游说齐君，让鲁国把那些城池还回来，如果鲁国不答应，就出兵讨伐。

齐国此时的君主是齐悼公，悼公果然被说动，于是，命国书为大将军，率领兵车一千乘向鲁国进发，到达汶水时停下来扎营休整，并派人向鲁君下战书。

接到战书后，鲁哀公急召季康子和冉有来商量对策。

冉有说："国难当前，我愿率军出战。另外请再派人去通知夫子，请他从旁协助，以解鲁危。"

季康子非常高兴，立即任命冉有为左大将军，出发御敌。

冉有让樊迟为车右，合力抗齐。车右指古代车战时，站在御者右边的武士。一般多选用力士，职责是作战时保护车左的主帅。樊迟也是孔门弟子，他精通战略，尤其精于箭术，几乎百发百中。

冉有率大军浩浩荡荡到达汶水，一声渡河令下，士兵个个奋勇争先，誓死保卫国土。

鲁军渡河后，以迅雷不及掩耳的速度，直捣敌营。齐军措手不及，只落得弃甲曳兵而逃。冉有紧追不舍，直到数十里外，才鸣金收兵。

齐国的国书本就不是什么名将，军事一道上与冉有相去甚远，经此一战，更是早已吓破了胆，于是赶紧收拾残部，并派人返国告急。

这时候，身在卫国的孔子也已经得到消息，派遣子贡到齐国去向权臣陈乞游说，希望他能罢兵休战。

陈乞的内心本来就希望国书战败，好趁机削弱他的势力。子贡既然来劝他罢兵，正好趁此机会，奏请齐君下令撤回军队。于是，陈乞一面游说齐悼公，一面派遣使节到鲁国重修旧好。

不久后，鲁国获胜，冉有班师回都。季康子亲自前往郊外迎接，两人执手庆功，并设宴慰劳三军。

酒过三巡，季康子满面笑容地问冉有说："恭贺你旗开得胜。但不知你的这种军事才能，是无师自通、出自天性呢，还是后天学来的？"

冉有答道："是向我的老师学的。"

"哦？夫子怎么会懂用兵之道？"季康子不免有点讶异。

冉有说："夫子是无所不知、无所不晓的学者，文武均通。我只不过学了一些战术而已，韬略什么的还谈不上呢。"

季康子又问："孔子到底是个怎样的人呢？"

冉有回答说："任用他的君王会名声显赫，把他的主张宣扬到百姓中间，百姓就会信服。即便是向鬼神询问他的为人，鬼神也会说他毫无缺憾。但我学习的这军事之道，即使功劳盖世，受到大量的封赏，夫子认为始终是对百姓不利的。"

季康子非常欣赏冉有那种功高不居的谦逊态度，对孔子也格外地钦敬和仰慕。战事结束后的第三年，是鲁哀公十一年，即公元前484年，季康子与冉有商议说："我想邀请孔子回国，你以为如何？"

冉有说：“14年前，夫子任大司寇时的政绩，想必您也略有所闻。如想请他老人家回国，万万不可以用对待一般人的态度对待他，否则的话，再多的俸禄，他也不会接受的。而且要有始有终，不能听信小人的话，不能冷淡他。”

季康子说：“我知道了。”

孔子这一年已经68岁。

卫国的大夫孔圉和孔子是旧交，孔子一直认为他是一位贤人，每次到卫国，都会去看他，也常常住在他家里。

这段时间，孔圉家里正在闹家务纠纷，他对自己的女婿有很大不满，所以想设计杀害他。孔圉向孔子请教，并请孔子帮忙。

孔子大感意外，深悔过去看走了眼。他回答孔圉说，家务纠纷，外人还是不要插手的好，也没有插手的余地。

孔子叹息着说：“鸟类可以选择栖息的树木，树木怎么能选择鸟类呢？”

孔圉一听，知道孔子已有意离开卫国，赶忙假意诚恳地挽留：“我之所以一再坚持要您留下，并非是为了我自己，而是希望您能协助年幼的出公。这完全是为国家着想，请不要因为我家的私事而离开。”

孔子被他这么一说，倒有些左右为难了。这时，季康子派来接回孔子的使臣到了，才替他解决了难题。

当年在鲁国国内，最反对孔子的是公宾、公华、公林三个人。现在季康子正是派了这三个人带着厚礼来到卫国接孔子回国。季康子的做法是为了表示诚意，意在告诉孔子：你看，曾经反对你的人现在来接你回去，可见国内是多么迫切而诚挚地需要你。孔子正好借这个借口拒绝了孔圉的挽留，毅然决定结束流浪生涯，返回鲁国。这时，距离孔子公元前497年离开故土开始周游列国，已经过去14年了。

一些在卫国从政的弟子，听说夫子即将束装归国，也都纷纷弃官相随。

孔子对哀公和季康子的为人早有了解，再加上这些年游历在外与政客的频繁接触，所以即便他们的邀请情意恳切，孔子心里也没有寄予太大的期望。

不过，一别故乡14年之久，如今终于有机会回去，孔子还是掩饰不住内心的兴奋。

公元前484年，也就是鲁哀公十一年的秋天，孔子返回阔别已久的故乡，一路上感触良多。

回想这14年间，自己辗转各地，接触到各种各样的人物，也遇到几次意外的惊险。而自己的政治抱负始终未能有所施展，甚至饱受猜忌，险遭杀害。流落到郑国时，还被人喻为丧家之犬。期间的艰难曲折真是难以为外人道也。

至于那些高洁的隐士，他们的歌咏和嘲讽，如今想来，倒还蛮有人情味，孔子不由得感到一丝温暖。

将届古稀之年的孔子，这时的政治见解早已成熟，而这些年周游各地的经历也使他对政治生涯看得很淡。他认为教育事业才是不朽的事业，而国家富强应以教育为先。

抵达曲阜郊外时，冉有等出仕于鲁国的弟子，早已等候多时。

对一般老百姓来说，孔子的归国令他们雀跃不已。因为当年孔子任大司寇时的政绩，他们记忆犹新。所以他们认为只要孔子回来，今后就又可以过上政和邦宁的安乐日子了。

哀公和季康子他们对于孔子的归来，又是怎么想的呢？

之前与吴国和齐国的战争虽然都以胜利告终，但国力日渐衰弱却是不争的事实。目前，齐国居于北，吴国居于南，将鲁国夹在中间，虎视眈眈。鲁国国内没有贤臣，政纲废弛；外交也没有人才，为应对客观情势的需要，只能与周边一些小国缔结密约，暂保平安。可一旦实情暴露，那些虎狼般的强国一定会兴师问罪。

哀公和季康子认为孔子在各国游历多年，对各国的政情必然有深入的了解。他对这个棘手的难题，一定会有一些值得借鉴的宝贵意见。由此可见，他们的想法只是让孔子处在一个顾问的位置，有什么难题尽可以去咨询，却不准备让孔子掌握实权，真正意义上的执政。

孔子回国后，哀公第一次接见他的时候，开头一句就说：“请你告诉我一些为政的道理。”

孔子答道：“很简单。用人的时候，必须要有所选择，选用品行优良、能力出众的官吏，政治必然会走上正轨。”这句话听起来虽然简单，但却语意深长。

有一次，季康子向孔子问政。

孔子说："选用正直的人，摒弃邪恶的人，百姓自然会服从。身居高位的人如果都是正直之士的话，那么，黎民百姓受到感化，也就会变得正直了。"

季康子把窃盗案件日益增多这件事，拿来请教孔子。

孔子说："想要遏制盗窃之风，最首要的途径就是教导百姓无欲、戒贪。只要自己不贪得无厌，即使你奖赏他去窃盗，他也不会干的。"

季康子想用重刑来促进社会风气的改变，孔子不客气地说："身居高位的人如果决心为善为正，做一个好榜样，人民自然就能安居乐业，风气淳朴，社会也自然就安定了。身居高位的人就像是风，百姓就像是草，风吹到草上，草肯定会顺势弯倒下去，你不能直接把草铲除了。只要身居高位的人好德乐善，老百姓还会做坏事吗？"

孔子对鲁哀公和季康子的很多问题都直言诤谏，毫不掩饰。他看到哀公不能选贤任能，不能远离佞臣，所以劝他要慎重择人。至于季康子，孔子早就知道他处事不公，自己又贪得无厌，不能为民表率，所以毫不客气地当面指责他的错误。

季康子每次去见孔子，听到的虽然全是忠言，但到底十分地逆耳。季康子心里很生气，又不能发作。慢慢地，他除非万不得已，很少去亲近孔子。孔子已不再热衷于仕途，也就淡然置之。

季康子生性极为贪婪，经常恣意剥削人民，广积不义之财。但他又极其奢靡浪费，挥霍无度，所以常常入不敷出。他想以解决国家财政困难为借口，增加田赋，中饱私囊，可是这么做势必会引起百姓的不满，也会给自己招来骂名。于是季康子想去请教孔子，当然是编一个增加赋税的借口欺骗孔子。如果孔子认为应该增加田赋，那么，他就不必背上什么恶名，一切责任就都可以转嫁到孔子的身上了。

季康子心里这样盘算，却又不敢亲自去见孔子，最后他想到让冉有出面。冉有是孔门弟子，与孔子有师生之谊，又是自己的家臣，总比别人放心一些，由他出面去请孔子发表意见，最为妥善。于是，季康子编了一套冠冕堂皇的理由，让冉有据此去试探孔子的反应。

冉有把那些理由一说完，孔子便看出了季康子的用心。他想起自己初次担任委吏时的种种，他深知老百姓一年到头面朝黄土背朝天的辛劳，不遇荒年还好，万一遇到荒年，真是苦不堪言。靠天吃饭的人民，已经够值得同情了，怎么能再增加他们的负担？何况又不是国家真的需要这样，而是为了填补私人的欲壑。所以，孔子压根儿就不赞成。

冉有往返跑了三趟，孔子总是一语不发。这种无言的抗议，应该让季康子死了这条心才对，但他仍旧再三再四地打发冉有去试探。

最后，孔子觉得不耐烦，他对冉有说：“你是我的弟子，你明知季康子这是假公济私，怎么还帮着他？”

冉有在老师面前不敢说假话，只好坦承说：“弟子在季氏手下做事，他命令我这么做，我只能从命。”

孔子说：“赋税是为国家需要而征收的，岂是权臣公卿实现自己私欲的途径。何况周公制定的税则，何其公平，有什么理由再增加呢？”

这件事之后，冉有和孔子的师生之谊受到了破坏，孔子曾痛心地说：“他没有资格做我的弟子。”

有一次，季康子准备攻打颛臾，这是鲁国一个很小的附庸国，位于今山东省费县西北一带。子路和冉有赶快跑来告诉孔子。

孔子责备说：“你们俩身为季康子的家臣，一定参与谋划策动了吧？”

冉有赶紧否认说：“这完全是季康子的主意，我们两人都不赞成。”

孔子说：“先王封颛臾为东蒙山的主祭者，一向是鲁国的臣属。如今鲁国的邦域被三桓瓜分，季孙氏独得两份，叔孙氏和孟孙氏各取一份，只剩下颛臾还算是公臣，竟还放不过它，季孙氏实在太过分了！你们两人，深受季孙氏的器重，怎么不尽全力劝谏呢？如果季康子不听劝谏，你们俩就应当辞官不做。周任曾经说过，为官之前先权衡一下自己的能力，然后才就位；干不了的话，就不干。”

周任是周时的大夫，为人十分正直无私，嫉恶如仇，被后世很多为官从政者视为楷模。

孔子接着说：“这就好像替一个盲人引路，你眼看着他有危险，却不去帮助他；眼看他将跌倒，却不去扶持他。那么，叫你来引路又有什么用处呢？我觉得你们根本没有尽到做臣子的责任。再打个比方，老虎逃出了笼子，珠宝箱里的美玉碎了，难道说，看管的人就没有一点责任吗？”

冉有辩解说：“颛臾的城堡极为坚固，而且靠近季孙氏的费城，如果现在不把它攻下来，将来极有可能成为心腹大患。”

孔子乘机教训他说：“一个国家不怕财富少，只怕分配得不均匀；不怕人少，只怕社会不安定。如果资源分配平均，就不会有贫困现象的出现；如果大家都能和睦相处，就不怕人民稀少。社会安定以后，政权才能稳固。假如远方的人仍有不顺服的话，就以文化道德来感召他们，他们自然会被吸收过来。你辅助季康子多年，却不能使境内人民生活安定，也不能吸引远人来归。他妄动干戈你却不能劝谏。季孙氏的忧患不在颛臾，而是在内部啊！”

鲁哀公十四年，齐君被弑的消息传来鲁国，又激发起孔子的正义感。

晏婴死后，齐国逐渐由田氏掌权。齐景公死后，三传至简公。简公即位后，分别任用田常和监止为相。监止很受简公的宠信，田常十分嫉妒。公元前481年，即鲁哀公十四年春天，监止在上朝途中偶然看见田氏族人杀人，于是将其拘捕，后来却被田氏营救。监止深知自己已经得罪了田氏，惧怕报复，在简公支持下，准备驱逐田氏。不想，监止的家仆竟将此事告诉了田常。5月，田常先发制人，率军入宫，劫持简公。监止率军反攻，被田氏击败，监止出逃。田氏军穷追不舍，情急下监止迷失方向，误入田氏的封地丰丘，被田氏杀死。6月，齐简公在仓皇逃往徐州的路上，被田常的追兵杀死。

简公死后，田常立简公的弟弟为君，即齐平公，自任宰相，继续掌握齐国的实权。

孔子生平最痛恨的就是叛臣逆子，所以这件事引起他极大的愤怒。他虽然久已不问朝政，此时却按捺不住。孔子如临大典，沐浴、更衣、整冠，入宫朝见哀公，郑重其事地奏请哀公出兵惩治田常这个弑君的乱臣贼子。

哀公可不像孔子那么富有正义感，他只以利害得失为行动与否的前提。哀公考虑良久，找到一个借口说："齐国强大，我们弱小，以弱攻强，恐怕没有把握吧？"

孔子回答道："鲁国与齐国，情谊深远，田常弑君，大逆不道，出兵讨伐，名正言顺。再说，齐国自景公以后，被弑的君王已有三人，目前举国愤怨，情势极为紊乱，附和叛臣的只是少数。我们堂堂正正地前往征讨，一定可以获得齐国正义人士的追随。谁胜谁败，还不一定呢。"

哀公始终拿不定主意，何况，鲁国的实权都掌握在三桓之手，尤以季孙氏的势力最强。于是，哀公敷衍着说："这件事牵涉颇广，最好和季康子商量一下再作决定。"

孔子无奈，只得退了出来，然后叹息着说："我曾做过鲁国的大夫，遇到这种事，我不能不说。但哀公不能做主，反要取决于季孙氏，真是可叹。”

孔子本来不愿去见季康子，但责任在身，不容推卸，只好硬着头皮去找季康子。

季康子其实和田常没有什么分别，都是目无君上的权臣，并且他和田氏还有私谊，当然不肯赞同孔子的主张，但又不好反对得太过直接。因此，他以另一个理由婉拒了孔子的建议。他说：“田氏弑了齐君，随即立他的弟弟继位，这还是情有可原的。再说，这是他们国内政治上的纷争，外人似乎不便干涉，夫子以为呢？”

孔子已经看穿季康子的心思，知道此事是无能为力了，也就不再多说，愤然告辞而去。伐齐的事就此被搁置不提了。

孔子倦游归鲁，虽不愿出仕为官，但仍想以在野之身匡君救民，协助弟子从政。但伐齐一事之后，他见哀公如此懦弱无能，三桓以季孙氏为首，嚣张跋扈，执掌朝政。如此情势令孔子愈加心灰意冷，他准备用余生的全部时间，倾注全部的精力和心血，致力于教育事业。他要把希望寄托在下一代的身上。

这期间发生了几件令他悲恸欲绝的事件。

公元前485年，即鲁哀公十年，孔子67岁，尚在卫国之时，他的夫人亓官氏病逝。

公元前482年，孔子70岁时，他的独子伯鱼去世，享年50岁。伯鱼留下一个儿子名叫孔伋，字子思。后来受学于曾子，也是著名的学者，被尊称为述圣。《中庸》就是子思所作。

孔子在已逾古稀之年丧妻丧子，实在是人间最悲痛的伤心事。

关于孔子的九个异母姐姐，史书上并没有记载留传下来。孔子的异母哥哥伯尼，生有一男一女，男的名孔忠，字子蔑，也是孔子的弟子之一，后来在鲁国任官。女的由孔子择配，嫁给了他的弟子南容。孔子认为南容为人谨慎，所以把侄女嫁给他。

孔子自己除了独子伯鱼外，还有两个女儿，一个幼年夭折，另一个嫁给了自己的弟子公冶长。公冶长自幼家贫，勤俭节约，聪颖好学，博通书礼，德才兼备，终生致力于学问，没有走上仕途。相传公冶长精通鸟语。

又过了一年，孔子 71 岁时，他最得意的弟子颜回也去世了。

颜回，字子渊，亦称颜渊。生于鲁昭公二十一年（前 521 年），卒于鲁哀公十四年（前 481 年），享年 40 岁。他敏而好学，能闻一知十，谦和有礼，从来不迁怒别人。在孔门诸弟子中，孔子最器重他，对他的称赞最多，不仅赞其“好学”，而且还以“仁人”相许。历代文人学士对他也无不推尊有加。

颜回素来以德行著称，严格按照孔子关于“仁”“礼”的要求，“敏于行而讷于言”。所以孔子时常称赞颜回具有君子四德，即强于行义、弱于受谏、怵于待禄、慎于治身。颜回终生所向往的就是一个“君臣一心，上下和睦，丰衣足食，老少康健，四方咸服，天下安宁”的无战争、无饥饿的理想社会。

相传，颜回家很穷，住在僻陋的巷子里，吃的是粗茶淡饭，喝的是一瓢清水。如果换了别人，肯定每日为生计发愁，可是他却依然快快乐乐地勤学不辍。孔子曾赞赏他说：“贤人，就是像颜回那样的！”

有一次，颜回陪孔子游泰山，回来不久就生病了，而且一天天加重，不到半个月就过世了。

孔子听到消息后，大喊：“老天爷这是要我的命啊！”接着放声痛哭。

有人在旁边劝慰说：“请夫子不要过分哀恸，保重自己的身体为要啊。”

孔子眼里噙着眼泪说道：“哀恸是有伤身体，可是我控制不住自己。颜回这样好的人，竟年纪轻轻就去了。我不哀恸他，还能哀恸谁呢？”

颜回的父亲颜路想把儿子葬得体面一点，但是家里很穷，就跟孔子商量，希望孔子能把自己的车子卖了，去换一套棺椁。

棺椁是我国古代表示死者身份和等级的棺葬制的一部分。棺，即盛放死者的木制葬具；椁，指套在棺外的外棺。周朝的棺葬制度规定，士人下葬时只可用大棺，不能用椁。

孔子对于颜路的要求觉得很为难，因为按照古礼，大夫的车子是君主所赐，不能随便变卖。同时，大夫年老的时候，必须有车子代步，不能步行。于是，孔子只好直率地告诉颜路说："除非是公侯卿相，否则不能棺椁并用。我儿子死的时候，也只是一层棺而没有椁，这是没法子的事啊。"

孔子的其他弟子也想厚葬颜回，一起来请示孔子。孔子认为哀悼一个人，重在内心，不在表面，所以他没有答应。不过，大家念及与颜回的同门之谊，以及颜回生前的良好德行，还是设法募集筹措金钱，厚葬了他。

孔子事后叹息说："颜回当我是他的父亲一样孝顺、恭敬，我却没能像对待儿子一样对待他。让他葬得如此不合礼法，实在是弟子们的意思，我无法做主啊。"

颜回一生没有做过官，也没有留下传世之作，他的言论都收集在《论语》等书中，其思想与孔子的思想基本是一致的。

一年后，即公元前 480 年，孔子的另一个得意弟子子路死在卫国。事情的经过是这样的：

当年，卫国的太子蒯聩看不惯南子的淫乱作风，准备杀死她，不料筹划不详，被人泄露了消息，没有达到目的，只好逃亡到晋国。卫灵公死后，由他的孙子继位，也就是卫出公。

出公在位 12 年后，父亲蒯聩企图返国夺位。他起初请赵简子出兵相助，赵简子没有答应。他就改变计划，派一个

颜回墓

心腹回国去向孔悝的母亲求情。

孔悝是卫国的一位贵族，他的母亲是蒯聩的姐姐，名字不详，我们暂且称她为孔姬。孔悝的父亲就是前面提到的孔圉。孔圉去世以后，孔姬就和丈夫的一个名叫浑良夫的部下私通。浑良夫生得身长貌美，孔姬对他很是依赖，大小事情都喜欢找他来商量。她知道蒯聩图谋返国的消息后，就派浑良夫到晋国去一探究竟。

蒯聩知道浑良夫是姐姐的情人，他说的话姐姐多数会听，于是首先表示愿意支持他们，而且答应事成之后必有重酬。

浑良夫得到如此承诺，欣喜万分，立刻回国向孔姬报告。他说："蒯聩亲口答应我，一旦他回国夺位成功，我们俩就可以光明正大地在一起，再没有人敢说闲话了。目前他所顾忌的，只是孔悝的反对。孔悝是你的儿子，你以母命叫他迎接舅舅返国，他敢不依吗？”

孔姬说：“蒯聩是我的弟弟，出公是我的侄子，大家都是一家人，何必多此一举呢？”

浑良夫提醒她说：“你要知道，出公在位对我们目前的情况没有什么改变，我还是你们家的家臣，既无地位，又没财势，而且我们的关系还是只能偷偷摸摸。但如果换上蒯聩，情况可就不一样了。你不为自己着想，也不为我想想吗？”

孔姬被他说得无言以对，就这样，他俩成了蒯聩的内应。

在浑良夫的巧妙安排下，蒯聩安然地偷偷回到卫国，住在他姐姐家里。

傍晚孔悝回到家里，刚准备休息，就被母亲叫了去。她说：“悝儿，我问你，父母两族中，哪边的关系更近一些？”

孔悝垂手恭立，答道：“叔伯是父系直属血亲，舅氏是母系直属血亲。谁近谁疏，实在难以判断。”

孔姬说：“也罢。不过，你既然知道舅氏是母系至亲，为什么不拥立我的弟弟？”

孔悝答道：“废子立孙，是先君的遗命。我们这些做臣属的，即便是贵族，也不能置喙。”

其实，母亲和浑良夫的暧昧关系，他早有察觉，而且浑良夫偷偷前往晋国会晤蒯聩的事情，他也略有所闻。只是身为晚辈，这些事情不便公然指摘出来，总是要给母亲留一点面子的。如今听到母亲话中有话，孔悝实在无法，只能推说腹痛，要去如厕，准备逃跑。

浑良夫这伙人早有安排，在孔宅四周埋伏了不少武士。他们早已准备好盟誓所需的一切，想逼着孔悝和蒯聩歃血为盟。临时买不到牛，就宰了一头猪，将猪血放在一个器皿中备用。

当孔悝借着如厕的借口准备逃跑时，两名武士不由分说，将孔悝捉住，挟持到大厅。

大厅里，蒯聩站立在正中央，孔姬站在他右边。孔悝被押进来以后，孔姬厉声喝道："舅父在此，为何不拜？"

孔悝无奈，只好跪拜下去。蒯聩佯装慈祥，笑容满面地亲手搀扶。

孔姬也改以柔和的声音对儿子说："君位本来就应该是你舅舅的，若不是南子相逼，他怎么会流亡到晋国？这件事全天下都知道得一清二楚，天下人也很同情你舅舅的遭遇。怎么你身为他的亲外甥，反倒不能体谅他的难处呢？我和他是同胞手足，不忍坐视不管，所以要迎他回国继位。悝儿你位高权重，一言可以定国。拥戴你舅舅复位，才是忠孝两全的做法，你说是不是？"

在这种情况之下，孔悝似乎已经没有选择的余地。他被逼不过，只好回答说："母亲的命令孩儿不敢不从。"于是，仆人捧来猪血，孔悝和蒯聩歃血为盟。

当晚，浑良夫率领武士，连夜进袭王宫。出公命人召孔悝来保驾，回报说，来袭的正是孔家人，打出的旗号是奉太子之命来捉拿逆子。出公大惊失色，他一面马上叫人传话给蒯聩，说子不与父争，愿意将王位拱手相让，一面收拾宫中财物，装载成车，趁月色昏暗从宫逃出，直奔鲁国去了。

子路当时在孔悝手下为官，政变发生时，子路正好有事外出，他听到消息后立刻赶了回来。可是卫国国都上下已经一片混乱，孔悝被劫持。子路一心想救出孔悝。蒯聩派了两名武将带人拦住了他的去路。

子路毫不畏怯，奋力冲杀，无奈对方人多势众，而且用的又是长兵器，子路仅凭一支佩剑，虽然刺杀了几名敌兵，终究是处于劣势，不一会儿，已经满身是伤。子路一不留神，头上的帽缨被对方的长戟挑断。

他掷剑大呼："大丈夫死就死了，却不能不戴好帽子，容我把帽子戴正！"

孔悝在里面高声喝道："不得伤害子路。"可是乱军之中，哪由得他做主。话音未落，子路已经被一班乱军砍成肉酱了。

孔子听说卫国发生了政变，他叹息着说："子羔或许还可以平安回来，子路却一定是罹难了！"

子羔是孔子的另一个弟子，稍显愚钝，受子路提携，在卫国做官。果然不出所料，子羔狼狈地逃了回来。孔子听他讲述子路殉难时的情况，不禁泪如雨下。

自己的独子以及两位心爱的门生，都先他而死，白发人送黑发人的人间惨剧怎能不令他悲恸欲绝。从此后，孔子晚景凄凉，只有一些较为年轻的弟子陪在身边了。

《春秋》和“仁”

礼乐春秋

孔子生活的时代，周室衰微，诗书缺，礼乐废，因此，他的晚年除了教育弟子外，就利用空暇时间整理古时候的诗书。他将西周初年至春秋中叶500多年的诗歌305篇整理成册，并按用途和音乐分为“风、雅、颂”三个部分，这就是今天我们看到的《诗经》。

孔子晚年时，尤其喜欢《易经》，简直爱不释手，每天都要翻阅。《易经》相传是伏羲与周文王根据《河图》《洛书》演绎并加以总结概括而来，是我国最古老的占卜术原著，其中蕴涵了很多自然哲学与伦理实践的问题。

孔子曾叹息着说：“假如老天爷再让我多活几年就好了，我可以仔细地研究《易经》，这样死后也就不会有什么遗憾了！”孔子后来对《易经》里关于人生哲理的内容有很多阐发，所以有一种说法：流传后世的《易经》是伏羲、文王、孔子所作，即伏羲制卦、文王系辞、孔子作十翼。所谓“十翼”，就是孔子对《易经》的阐释，这些流传后世，使得《易经》由卜筮的书籍变成了包含深远哲理的书籍。后来，秦始皇“焚书坑儒”，儒家经典几乎被焚毁殆尽。由于《易经》被认为是卜筮的书，因而得以保存下来，未曾遭受祝融的厄运。

孔子除了整理《诗经》、阐释《易经》外，还着力研究周朝的礼乐。诗书礼乐就是孔子教授弟子的主要内容。孔子自杏坛讲学以来，先后教授的弟子共达3000人，其中身通六艺者72人，被称为“孔门七十二贤”，颜回、子路等都名列其中。

孔子对礼乐有着执着不懈的追求，也有着很独到的见解。他曾经和鲁国的乐官谈论乐的问题。孔子说：“音乐的演奏，其擎音节奏的全部过程是可以知道的。一开始，各种乐器一起演奏，接着放开音量，清浊高下立现，却又互相和谐，宫是宫，商是商，不相混乱而节奏分明地连续不绝，直到一支乐曲终了。”

除了学问的积累，孔子还很注重人格修养。他经过长时期的磨炼，已经成为当代的圣人。孔子在与自己的乡里人相处时，态度温和恭顺，一副老实不爱说话的样子。但在宗庙里或朝堂上，需要讲究礼法或决定政事的时候，孔子则详详细细地问、明明白白地解说，丝毫都不含糊。不过，这时候孔子的发言也总是很谨慎。

孔子在朝廷上和品阶低一点的下大夫交谈时，态度和蔼而刚直；和品阶相对较高的上大夫交谈时，中正适度，和颜悦色中带着不可侵犯的样子。当国君临朝时，他则恭恭敬敬，威仪适当而合乎礼仪。

日常生活中的孔子，对饮食要求得很精细，所谓“食不厌精，脍不厌细”。米饭是养生的必需品，最好精致而白皙；鱼和肉类最好切得小一些、细一些，因为切得太大，难以咀嚼，不合卫生。饭太热、太湿的时候，不吃；鱼肉变味了或腐败了，不吃；食物的颜色跟平常不一样，不吃；食物有怪味恶臭，不吃；烹调失宜、不生不熟的食物，不吃；不是三餐正常的时间，不吃；街上买来的现成的酒菜，可能不卫生、不干净，不吃。即便饭桌上肉类很多，也不能食用超过平时的量。喝酒虽没有定量，但不能喝醉。不管吃任何东西，都保持定量，绝不多食。姜能除秽恶、驱风寒，所以要经常备着，饭后也不撤去。

祭祀后，分配到的肉，要马上分送给别人，不能留到隔宿，因为会腐败，有碍健康。

孔子在吃饭的时候，绝不说话，必须保持肃静；睡觉的时候，也是如此。

虽然有时候吃的是粗饭、菜汤，孔子也会先拿出一部分祭祀先人，而且态度恭敬严肃。

如果遇到朋友不幸死亡，没有家属亲人料理丧葬事宜时，孔子就会主动地负起殡葬的责任。

朋友有所馈赠时，除非是祭肉，否则即使是贵重的车马，孔子也绝不拜受。不接受礼赠是孔子刚直的表现，独独可以接受祭肉，则是因为这表示敬重朋友的祖先。

孔子睡觉时，不挺直四肢仰卧，因为他觉得这样的姿势像尸体。

孔子平时在家里时，仪容整洁，却从不故意装出肃穆的样子，态度上也很随和。

他看到穿着丧服的人，即使是平素很亲近的熟人，也会马上作出一副悲伤的样子表示哀悼。他遇见戴着礼帽的大夫或是盲人，虽然经常见面，也仍然以礼相待。

有时候，孔子坐车外出。上车前，他一定端端正正地站着，手拉车上的绳索。坐进车子以后，不回头看，不高声说话，也不向窗外指指点点。如果在路上遇到穿丧服的人，他总要站起身来，手扶车上的横木，弯身以示对死者的敬意。

这就是万世师表，伟大圣人的生活态度。

公元前481年，即鲁哀公十四年，孔子71岁那一年的冬天，哀公要到大野狩猎。

当时，国君狩猎是一桩大事，非常隆重。大夫和贵族们都得参加，孔子也在被邀请之列。

大野，又名巨野，在今山东省巨野县北面。当时是个沼泽地区，各种鸟兽非常多。

君臣到傍晚时，已经猎得不少鸟兽，哀公极为高兴。不一会儿，叔孙氏策马奔来，报告哀公说，他的手下猎得一头怪兽，从未见过，不知道名称，请哀公看看。

哀公命人将那头怪兽抬来，只见它的外形有点像鹿，但是体形比鹿大得多；尾巴像牛，蹄子又像马；头上还生了一个角；背部的毛五彩缤纷，非常漂亮；腹部的毛是淡黄色的。大家看了都啧啧称奇，却没有一个认识，谁都说不出它的名字。

季孙氏认为，出现了怪物，这是天降异兆，不祥。

哀公却不这么想，他认为这动物如此少有，或许是祥瑞的象征，于是立刻吩咐人去把孔子请来。孔子当时正准备和几个弟子回城，听到哀公召请，就赶忙前往。

孔子只见一群人围在那里，七嘴八舌，议论纷纷，一会儿怪兽，一会儿不祥，不知道在说些什么。哀公见孔子来到，命众人让开，让孔子去辨认那头怪兽。

孔子一看，不觉大惊，启奏哀公说："这是麒麟。"

哀公听说是麒麟，大喜，果然是吉祥之物。可是大喜之后未免觉得可惜，因为这头麒麟已经死了，要不然带回宫中豢养以供玩赏，那该多好。

哀公一国诸侯而已，竟妄想豢养麒麟这种灵兽，也不怕自己消受不起。

先不说哀公的心思，且说孔子见到这只被杀的麒麟后，先是一惊，继而悲从中来。

当他辞过哀公，转身返回自己的车时，禁不住以袖拭泪，叹息着说："吾道穷矣！"

随侍在侧的子贡看到夫子如此哀伤，不禁感到惶惑不解。他说："夫子，我听说麒麟是一种仁兽，它的出现是祥瑞之兆。您为什么反倒如此悲伤呢？"

孔子告诉他说："子贡你说得不错，麒麟确是仁兽，它的出现，象征明君在位，国运亨通。尧舜时代，麒麟曾出现在郊外，百姓虽然见它长得凶猛，却都不敢伤害它。周朝的时候，凤凰鸣于岐山。这些灵兽都是出现在圣明之世，否则，就会一直隐匿不出。如今并没有明君在世，它却出现了，还死于佣仆之手，你说这怎么能不令人慨叹呢？”

子贡又问道：“那夫子刚才因麒麟之死而自叹道穷，这又是什么缘故呢？”

孔子长叹一声，说道：“我就好比是那麒麟，出现得不是时候，因而遭害。所以，我的主张也将穷尽，没有人知道我了。”

子贡说：“怎么说没有人知道夫子呢？夫子的学说一定会流传后世的。”

孔子说：“我不能被世俗所接纳，不能被君王所任用，但我并不怨恨天，也不怪任何人，只是专心学习学问和为人处世，从浅近处下工夫。经过这么多年，这才渐渐领悟到天理，天总会知道我的。”

孔子出生之前的时代，历史文献的不足是一个非常严重的问题。他曾说过：“夏代的礼制，我还能说出一个大概来，可惜夏的后代杞国所保存的文献太少，已经没法考证了。殷商的礼制，我也能说出一个大概，可惜商的后代宋国所保存的文献太少，已经没法考证了。如果两国的典籍、人物都充足的话，就能证实我所说的一切了。”

孔子出生的时代，周朝的文献资料很丰富。他曾说：“周代文化继承夏、殷两代，所以更为完备而灿烂。这也是我推崇周公的原因之一。”

在孔子看来，周公是周代文化的奠基人，他一直想效仿周公，并一直认为历史发展是有规律可循的。孔子的心里一直有一套政治及文化建设的蓝图。他曾说过：“如果齐国能够好好地变革，就可达到鲁国的程度；鲁国如果再好好地变革的话，就可达到近乎理想的王道境界了。”

孔子认为齐国是太公之后，自齐桓公称霸以来，政治上日渐急功近利，喜欢用精巧诡诈的方法来治理内政外交；鲁国是周公之后，虽然国力逐渐衰弱，但是重礼教、崇信义的优良传统作风仍胜过其他各国。不单是齐、鲁两国大有可为，就算是其他国家，不论大小，哪怕小至百里之地，仍然有望，问题只是肯为与不肯为而已。这就是孔子耗费了14年的光阴，风尘仆仆奔走于各国，希望自己的理想能实现的主要原因。

结果曲高和寡，孔子的治国理想到处不能见容，于是只好回到故乡来教育弟子，著书立言。

孔子生活的时代，周室衰微，圣贤之道几乎已经被世人忘记，天下一片混乱。家臣弑主、大夫篡君、权臣专横、武将跋扈，这些都是司空见惯的事情，不足为怪。至于一般的老百姓，赋税已经很重了，还得常常为贵族服劳役，或者被征调到各地参与战争，万一遇到水、旱天灾，更是求告无门，苦不堪言。

一向具有悲悯胸怀的孔子，以天下为己任，他希望改革政治，上位者清廉自持，爱护人民，善待百姓；一般人民知廉耻、重信义，守法安分，共享安康。这是孔子周游列国的另一个原因。

他的政治理想最后终究不能实现，于是倦游归鲁。此时的鲁国内部，依然混乱如麻，君主懦弱、权臣嚣张。孔子痛心之余，开始着手编写《春秋》。

《春秋》一书是鲁国的史记，上自鲁隐公元年（前 722 年），下至鲁哀公十四年（前 481 年），这是一部记录 12 位君主，共计 242 年历史的编年体史书。其中用于记事的语言极为简练，然而几乎每个句子都暗含褒贬之意，被后人称为“春秋笔法”。

《春秋》是我国保存下来的最早的一部史书，也是世界上最早的编年史。有关历史事件、天文景象（日食、月食等）发生的年、月、日都有明确的记载。它最大的特点是，没有浓厚的神话色彩，这在 2000 年以前，是极为难能可贵的。

孔子把他的一套“王道”理想，寄托于这本著作中。例如，吴、楚两国尚属蛮夷之邦，却自称为“王”，在《春秋》里，孔子把它们贬称为“子”。又如晋国曾叫周天子去朝拜晋君，这是僭乱行为，如果照写，不仅损害了周天子的尊严，更是告诉后人，这是一个没有是非公道可言的时代。强权如果至高无上，能操纵一切，那么，掌权者就会任意妄为，天下也将永无安宁之日了。

在政治上或社会里，应该有一套合理的规则可行，这种规则是基于人性和道德予以制订的，绝不能由强权自行决定。周天子虽无实权，但名分上毕竟是天子。这种名分大义，不容不遵守。

基于孔子的以上观点，《春秋》不全是客观的事实记录，而是有他一套主观的立场。凡是值得鼓励的，竭力予以宣扬；至于乱臣贼子，则予以笔伐。

当年孔子出仕为官时，在文辞方面，多半与别人商量后才下笔，并不独断专行、坚持己见。唯独写《春秋》时完全依照自己的思想，该写的就写，该删的就删，可说是千锤百炼，一字不苟，可见孔子对这部著作的重视。

他曾经对弟子们说："后世的人们，可能因这部书而知道我孔丘这样一个人，也可能因这部书而责骂我。这些都留给后世去印证吧。"

仁

关于孔子的思想，我们可以用一个"仁"字来概括。

儒家经典著作之一的《论语》，记录了孔子及其弟子的言行，是孔子的政治主张、伦理思想、道德观念及教育原则的集中体现。全书共400多章，据清人阮元统计，其中有58章谈到"仁"，几乎占了全书的八分之一。由此可见，仁，是孔子的中心思想。孔子将其作为人生修养的最高境界，也是道德情操的准绳。

孔子曾说过："君子无终食之间违仁，造次必于是，颠沛必于是。"这句话的意思是说，君子要经常保持仁心，即使是在吃一顿饭的时间，也不能做有违仁德的事；急遽慌忙时，其心要在仁；偃仆之际，遭遇危险，甚至面临死亡之际，其心也要在仁。即仁的品德必须贯彻始终，在任何情况下都要如此。

孔子曾对曾子说："参啊，我平日所讲的道，可以用一理把它贯通起来。"

曾子说："夫子的道理，就是忠、恕二字而已。"

曾子，名参，字子舆，"孔门七十二贤"之一，16岁时拜孔子为师，一生勤奋好学，颇得孔子真传。他上承孔子之道，下启思孟学派，对孔子的儒学思想既有继承，又有发展和建树。

曾子此处用"忠""恕"两字引申概括孔子的思想，可以说是十分准确而精辟。

忠就是尽己，恕就是推己。宋代著名哲学家陆九渊曾说："宇宙内事，乃己分内事。"这句话很好理解，就是把宇宙万物的事都当成是自己分内的事。可谓是"尽己"的极致。推己则在《论语》中就有所阐释，比如我们很熟悉的"己所不欲，勿施于人""己欲立而立人，己欲达而达人"。

"忠"和"恕"其实也是"仁"的一部分。仁，可说是

“统摄诸德，完成人格”的总称。明道就是行仁，对父母为孝、对兄长为悌、对友人为信、对国家为忠。举凡孝悌、信实、宽厚、温良、俭让、勤敏、施惠、廉耻、刚毅、智勇、博爱等无不包含在内。《论语》一书就是一部论“仁”之书，是孔子全部精神的总结和概括。

“仁”不仅仅是孔子主张的一种理论、一种态度，还是他切实身体力行的一种实践。这一点我们可以从他的言行和训勉弟子的话里看出来。

例如，《论语·里仁篇》中的“苟志于仁矣，无恶也”。这句话的意思是，只要养成了仁德，那就不会去做坏事，既不会犯上作乱、为非作恶，也不会骄奢淫逸、随心所欲，而是可以做一些有益于国家、有利于百姓的善事。

又如，《论语·卫灵公篇》中的“志士仁人，无求生以害仁，有杀身以成仁”。这句话的意思是，凡有志气和有道德的人，没有哪个是为了求生而失德的，只有用生命来争取真理的。

说到“杀身成仁”，最具代表性的就是孔子的弟子子路了。他只比孔子小九岁，生性坦率鲁莽，时常受孔子的申斥。可是后来，他死于卫太子蒯聩之乱时，虽遍体鳞伤，满身是血，知道自己终将殉职，仍系好帽缨，从容就死。他这种忠勇而临难不惧的精神，真可谓是“杀身成仁”的典范。

孔子自身确实做到了“克己复礼”“无终食之间违仁”。他周游列国时，风尘仆仆，席不暇暖，不仅旅途劳顿，而且经历了多次危险。有时候，还会受到讥讽、揶揄，或陷入绝粮困境。可是，他丝毫没有气馁，“虽百死而犹未悔”，真可说是“造次必于是，颠沛必于是”。他唯一的目的，就是在于“仁”的实践而已。

前面已经讲过，孔子的教育方法讲究因材施教，在引导弟子德行、使他们往“仁”上发展时，孔子也视弟子的禀赋、习性、生活环境等因材施教。

譬如，子路性情豪迈而好勇，孔子认为他才华外露，必须加以收敛，因此，告诉他说：“公正无欲、果敢坚忍、性情质朴、说话迟钝，这四种品质都近乎仁。你可以朝着这个方向加深自己的修养。”

樊迟曾几次向孔子问仁。一次，孔子说：“日常起居要恭，做事要敬，待人要忠。以上三点，即使到了蛮夷之邦，也不可废弃。”

另一次，孔子的回答是：“爱护众人。”

还有一次孔子说：“有仁德的人，要比别人先吃苦，在收获回报时则退居人后。”

孔子这前后几次不一样的回答，是因时、因地而异，并没有一成不变。但万变不离其宗，无论具体的言行怎样，“仁”是最核心的要求。

仲弓向孔子问仁，孔子说：“出门办事如同去接待贵宾，使唤百姓如同去进行重大的祭祀，都要认真严肃。自己不愿意要的，不要强加于别人。做到在诸侯的朝廷上不怨恨什么，在卿大夫的封地里也不怨恨什么。”

颜回问仁时，孔子说：“克制自己的私欲，一切都照着礼制的要求去做，这就是仁。如果有一天能切实做到这一点的话，那么，天下的人都会称赞你是个仁者，能契合仁道。实行仁德，完全在于自己，难道还在于别人吗？”

颜回继续问到具体实践应该注意的方面，孔子说：“非礼勿视，非礼勿听，非礼勿言，非礼勿动。”即凡是不符合礼制规定的就不看、不听、不说、不做。在孔门弟子中，子张大大咧咧，自视甚高。曾子曾经批评他说：“堂堂乎张也，难与并为仁矣。”子游也曾批评他：“吾友张也为难能也，然而未仁。”

意思是说，子张很有才华，道德品行良好，也算难得的了，但还是没有达到“仁”的境界。孔子自然也能看出来子张的缺点所在。

有一次，子张向孔子问仁时，孔子乘机教育他说：“能够做到下面这五点，便算是仁了。这五点就是：恭、宽、信、敏、惠。对人恭敬，便不会被人轻视和冒犯；待人宽厚，就能够获得众人喜爱和拥戴；讲求信实，别人就会信任你；做事勤敏，便容易成功；施惠于人，别人才会心悦诚服地为你效劳。”

从上面这些例子中，我们也可以看出，孔子对“仁”的阐释是多方面的。“仁”还被孔子赋予了一定的政治意义，他认为，为政要小心谨慎，不积极从政就不能算是仁君。而仁与不仁是关乎国家能不能守住的重要问题。他说:“知及之，仁不能守之，虽得之，必失之；知及之，仁能守之，不庄以涖之，则民不敬；知及之，仁能守之，庄以涖之，动之不以礼，未善也。”这句话的意思是，凭借聪明才智得到它，但没有仁德保持它，即使得到，也一定会失去；凭借聪明才智得到它，也有仁德保持它，不用严肃的态度来对待，那么百姓就会不敬；凭借聪明才智得到它，有仁德保持它，能用严肃的态度来对待，但行为不合礼制，那也是不完善的。到战国时期，这种政治意义被孟子进一步发展为“仁政”，并且提出了更加具体的措施和方案。

孔子把人分为五个层次，也就是行仁的品第。除了品行沦丧有违仁德的小人不计外，依次是庸人、士人、君子、贤人、圣人。

那些被称作庸人的，内心深处没有任何严肃、慎重的原则和信念，做事马马虎虎，有头无尾，为人处事从不善始善终，满口胡言，颠三倒四。所结交的朋友也都是三教九流，唯独没有品学兼优的高人。庸人不会扎扎实实地安身立命，老老实实地做事做人。他们见小利，忘大义，自己都不知道自己在干什么。他们迷恋于声色犬马，随波逐流，总是把持不住自己。

士与君子，本是贵族的称号，在孔子创办平民教育之后，士与君子和平民逐渐处于同等地位，同样被加以教导。《论语》说到士人的语句不在少数，例如，“士而怀居，不足以为士矣”，“士志于道，而耻恶衣恶食者，未足与议也”，“行己有耻，使于四方，不辱君命，可谓士矣”。

由此可见，那些被称作士人的，有原则，有信念。虽不能精通天道和人道的根本，但向来都有自己的观点和主张；虽不能把各种善行做得十全十美，但必定有值得称道之处。因此，他们并不要求拥有很多学问和智慧，但只要有一点，就务必要彻底明了；他们的言语、理论不求很多，但只要是他主张的，就务必中肯简要；他们所完成的事业也不一定很多，但每做一件事都务必要明白做这件事的原因、意义何在。他们的思想如此明确，言语如此扼要得当，做事如此有根有据，犹如人的精神和形体一样和谐统一。这就是一个人格和思想非常完整、独立的知识分子。外在力量很难改变他，富贵对他未必有什么增益，贫贱对他也不一定有什么损失。这是士人，也就是知识分子的主要特点。

至于君子，《论语》中共提到80余次。例如，“可以托六尺之孤，可以寄百里之命，临大节而不可夺也”“君子成人之美”“君子坦荡荡，小人长戚戚”“君子上达，小人下达”“君子求诸己，小人求诸人”“君子矜而不争，群而不党”“君子疾没世而名不称焉”“君子不以言举人，不以言废人”“君子谋道不谋食，君子忧道不忧贫”“君子不可小知，而可大受也”“君子贞而不谅”，等等。

君子的特征是，说话做事诚实守信，对人不存忌恨。秉性仁义却从不向人炫耀，通情达理，豁达明智，说话谨慎斟酌，从不武断。行为一致，坚守信仰，自强不息。在别人看来，他们显得平平常常，并没有什么特别出众之处，但是想变成这样的人却十分困难。

孔子告诉子路说：“如果有像臧武仲一样的智慧，像孟公绰一样的清廉寡欲，像卞庄子一样的勇敢，再加上冉有的技艺和礼乐的陶养和修饰，那一定就可以是个人格完备的君子了。”

臧武仲、孟公绰、卞庄子都是鲁国的大夫，为人都很贤德。

孔子接着又说：“现在的所谓的君子，已经不要求如此完备了。只要能够做到见利而想到义，遇到危难能从容付出自己的生命，和人相约，不管事隔多久，都不忘掉承诺，这就算是人格完备的君子了。”

“贤”这个字，《礼记》中的解释是，“贤犹善也”，《说文解字》中说贤就是“有善行也”。

孔子称赞伯夷、叔齐为贤，因为他们“求仁而得仁”。孔子又赞许颜回的贤，说他“三月不违仁”。

可见贤人要以行仁为本，他们的品德要合乎法度，行为要合乎规定，言论要足以被天下人奉为道德准则，道性要足以教化百姓。他们乐善好施，普济天下，能使人民富有，没有疾病和贫困。

道德修养达到极致的人，被称为圣人，这可以说是行仁的最高境界了。

所谓圣人，必须达到自身品德与天地自然法则融为一体，来无影，去无踪，变幻莫测，通达无阻。他们对宇宙万物的起源和终结已经彻底参透，与天下的一切生灵、世间万象都自然相处，融洽无间。芸芸众生永远不能明白他的品德有多么崇高、伟大。

孔子曾经说过：“神明不测的圣人，我是见不到了，能够见到一个才德出众的君子，我也就满足了。”

孔子晚年的时候，回忆他一生追求学问和道德的过程，他说：“吾十有五而志于学，三十而立，四十而不惑，五十而知天命，六十而耳顺，七十而从心所欲，不逾矩。”这句话的意思是说，我从 15 岁开始就一心向学；到了 30 岁，便能立定志向，不肯轻易改变；40 岁时，对一切事理都能明白而没有疑惑；50 岁的时候，就知道天命的道理了；60 岁时，耳边听到什么，都能明白而自然贯通；70 岁时就能随心所欲，而不会超越法度。

孔子已经臻于仁的最高境界，无愧于“圣人”的称号。

圣人辞世

公元前 479 年，孔子 73 岁。他的健康情况已经一天不如一天，经常卧病在床。

自从颜回死后，子贡是孔门中最得意的弟子。他在季孙氏手下做事，曾出使吴国。因为孔子身体不好，子贡便经常抽空来照料他。有一次，子贡又来探望孔子，远远便看见孔子正拄着拐杖，站在门口像在等什么人。孔子一见子贡来到，就对他说：“子贡，我非常想念你啊，你好像很久没来看望我了。”接着，孔子叹息着唱出一首歌，歌词的大意是：

泰山就要崩颓了，
梁柱快要折断了，
哲人要像草木那样枯萎了！

孔子唱完后，泪流满面。

子贡知道，孔子丧妻丧子，又失去了两个很钟爱的弟子，心里十分悲伤。他听到孔子唱出如此忧伤的歌，不免有种不祥的预感。老师的病势沉重，恐将不久于人世。子贡身为弟子，虽然心急如焚，非常悲恸，但不敢在老师面前露出哀伤的表情，免得老师更加伤感，于是只好强颜欢笑，把孔子扶了进去。

这时候，孔子又对子贡说：“天下无道，由来已久。我走遍各国，却没有人采用我的主张。我已老迈衰颓，无能为力了！我昨晚做了一个梦。梦见夏朝人的棺木在东阶上，周朝人的棺木在西阶上，殷朝人的棺木在正厅的两根大柱之间，而我则被放在两柱间受人祭奠。你知道，我的先祖是殷人，想必我是没有多久可活了。”

子贡再也抑制不住，虽不敢放声痛哭，却也是泪如雨下，不能自已。他勉强安慰着说道："夫子之道，是圣人大道，就算现在没有人肯采用，也一定会流传后世，被奉为经典的。这种梦境，怎么能当真呢？夫子虽然年老，可是精力还没有衰退，哪能抛下我们这些弟子呢？"

七天之后，孔子在众弟子的环伺下，永辞这乱离之世，享年 73 岁。

鲁哀公接到报告后，心里感觉十分对不起孔子，一时之间，感慨万分，特意亲笔写了一篇悼文，并颁布天下。这在古代被称为"颁赐诔辞"。悼文的大意是说，上天不可怜我，让这位老先生多活几年以辅助我完成中兴大业。如今撇下我一个人在位，孤独无依地承受一切。唉，我的尼父（指孔子），今后谁还能帮助我，我将向谁去请教啊！

孔子墓碑

哀公的这篇悼文可以称得上是情真意切、言辞感人，但孔子的弟子们并不买账。

子贡看了这篇悼文后，表现得非常愤慨。他说："夫子在世的时候，鲁君不能任用他；现在夫子去世了，鲁君却颁赐诔辞来大加赞扬，还有什么用呢？何况，这悼文里言辞多不实，不合于礼。‘余一人’乃是天子的自称，他怎么可以僭越？他根本就不遵守本分。”

子贡同情孔子生时不能见用于世，因此对鲁哀公的行为很愤慨，并加以抨击，我们是可以理解的。但从史书的记载来看，国君是不会轻易颁赐诔辞的，孔子之前只有周公死时，成王颁赐诔辞的唯一例子。鲁哀公这一次，倒确实是出于一番敬慕之情。子贡很可能是误会他了。

孔子去世以后，弟子们经过一番商量，最后并没有把他葬在孔家的祖坟，而是选择曲阜北郊的泗水边作为墓地。

孔子平日待弟子们如同亲生子侄，所以弟子们也就不约而同地效仿对待父亲的礼节，准备为孔子服丧三年。他们在墓旁搭建草庐，在那里日日追念老师。

三年期满后，还有很多弟子不愿离去，又留住了一段时间，子贡便是其中之一。后来，墓地附近又搬来不少人家，形成了一个村落，取名为孔里。

弟子们在守丧期间，将孔子平时教导他们的话，仔细地讨论辩证，然后一一记录下来，这就是留传后世的《论语》。

《论语》集孔子一生言行实录和儒家学说之精华。从敦品为学、立身行道、处世接物，到治国平天下，凡此诸道，可谓包举无遗。说它是集中国文化之大成者，似乎也不为过。日本人对孔子很是敬仰、崇拜，日本很多地方都建有孔庙，日本人对《论语》也推崇备至。西方各国现在对孔子的学说也非常重视，研究孔子学说的学者日见增多。弘扬传统文化的孔子学院也遍布世界各地。

司马迁在《史记·孔子世家》中曾赞叹说："《诗经》里有这样的话：巍峨的高山令人仰望，宽阔的大路令人遵循。尽管我不能达到那种境界，然而内心还是非常向往。我阅读孔子的书籍，可以想见到他的为人。我也曾到过鲁地，观看孔子的宗庙厅堂、车辆服装、礼乐器物，儒生们按时在孔子故居演习礼仪，这些都使我流连忘返。天下有很多君王和贤人，生前荣耀一时，死后也就一了百了。只有孔子，他虽然是个平民，却名声流传了十几代，学者们都很尊崇他。上到天子王侯，下到平民百姓，中原地区凡是讲习六艺的，都要以孔子的学说为标准来判断是非。孔子可以说是至高无上的圣人了！"

孔子的学说到汉武帝"罢黜百家，独尊儒术"时兴盛起来，开始成为封建社会的统治思想，延绵千年不绝。

在唐朝开元二十七年，即公元 739 年，玄宗李隆基曾追封孔子为"文宣王"，弟子们也都有追赠。宋仁宗至和二年，即公元 1055 年，改"文宣"为"衍圣"。不光是中原地区的汉民族对孔子崇敬有加，当时的少数民族政权也对孔子进行了追封。如公元 1146 年 3 月，西夏仁宗颁布诏令："尊孔子为文宣帝，令州郡悉立庙祀，殿庭宏敞，并如帝制。"元朝大德十一年，即公元 1307 年，成宗又加谥为"大成至圣文宣王"。明朝世宗嘉靖九年，即公元 1530 年，改尊为"至圣先师"。清朝顺治二年，即公元 1645 年，尊为"大成至圣文宣先师"。1935 年，民国政府尊为"大成至圣先师"。